| 博士生导师学术文库 |

A Library of Academics by
Ph.D.Supervisors

数字化零售的中国经验

——流通理论与案例视角

谢莉娟 著

光明日报出版社

图书在版编目（CIP）数据

数字化零售的中国经验：流通理论与案例视角 ／ 谢莉娟著 . -- 北京：光明日报出版社，2021.5

ISBN 978 - 7 - 5194 - 6074 - 7

Ⅰ . ①数… Ⅱ . ①谢… Ⅲ . ①零售业—网络营销

Ⅳ . ①F713. 32②F713. 365. 2

中国版本图书馆 CIP 数据核字（2021）第 086833 号

数字化零售的中国经验：流通理论与案例视角

SHUZIHUA LINGSHOU DE ZHONGGUO JINGYAN：
LIUTONG LILUN YU ANLI SHIJIAO

著　　者：谢莉娟			
责任编辑：李　倩		责任校对：傅泉泽	
封面设计：一站出版网		责任印制：曹　净	

出版发行：光明日报出版社

地　　址：北京市西城区永安路 106 号，100050

电　　话：010 - 63169890（咨询），63131930（邮购）

传　　真：010 - 63131930

网　　址：http：//book. gmw. cn

E - mail：gmcbs@ gmw. cn

法律顾问：北京德恒律师事务所龚柳方律师

印　　刷：三河市华东印刷有限公司

装　　订：三河市华东印刷有限公司

本书如有破损、缺页、装订错误，请与本社联系调换，电话：010 - 63131930

开　　本：170mm×240mm			
字　　数：148 千字		印　　张：13	
版　　次：2021 年 5 月第 1 版		印　　次：2021 年 5 月第 1 次印刷	
书　　号：ISBN 978 - 7 - 5194 - 6074 - 7			

定　　价：85. 00 元

目 录
CONTENTS

1

01

理论篇

第一章

零售的基本问题与零售的本质

第一节　理解零售活动

一、零售的源起与定义

在人类社会交换关系的发展历程中，零售是最古老的贸易形态。任何社会经济形态中，只要存在交换，就必然存在零售这一最基本的贸易形态。追本溯源，早在人类氏族部落共同体之间偶然的物物交换及其向共同体内部的发展过程中，零售最原始的萌芽状态已经有所显现，并进一步推动了物物交换向商品流通和商品生产的艰难发育。物物交换的日益频繁使生产者认识到为了交换而进行生产亦即商品生产的好处。又由于"不同的共同体在各自的自然环境中，找到不同的生产资料和不同的生活资料。因此，它们的生产方式、生活方式和产品，也就各不相同。这种自然的差别，在共同体互相接触时引起了产品的互相交换，从而使这些产品逐渐转化为商品"①。因此，在共同体的尽头，商品交换逐渐孕育成型，从事生产的人们同时也要将生产的产品与他人进行交换，从而获得其生活所需但自身并不进行生产的产品，此时的零售以产销合一的形式依附在生产者身上，由其作为生产的附带事项来完成。流通渠道形态也对应呈现出"渠道的蛹化形态"亦即"商品交换没有中间人介入，生产者将产品直接销售给消费者或用户，产销结合在一起"的直接流通渠道②。

在商品经济尚不发达的历史时期，商品流通还主要体现为简单商品流通形式（W—G—W'），人们从事物质产品生产的动机主要是满足自身生活所需。与自然经济时期类似，生产者希望通过生产、交换最终获得对商品使用价值的占有和消费。零售也正是起源于人们这种对使用价值占有和消费的诉求。

事实上，自从最原始的零售萌芽形态显现以后，不管是在为了交换而进行的生产即商品生产中，还是在独立经营的生产者只是把满足自身消费后剩余的产品投入市场的产品生产中，零售活动都广泛存在于社会再生产大循环中。

那么零售活动到底包括哪些内容？换言之，应如何理解零售这一概念？现代教科书对零售做出了诸多定义。比如，将零售定义为一种商业活动，这种商业活动是将产品和劳务出售给消费者，供其个人或家庭使

---

① 马克思. 资本论：第1卷［M］. 北京：人民出版社，2018：407.
② 纪宝成. 商品流通渠道分析［J］. 中国社会科学，1991（6）：105 - 124.

用，从而增加产品和服务的价值①。再如，指出零售包括将商品或服务直接销售给最终消费者供其个人进行非商业性使用的过程中所涉及的一切活动②。又如，将零售定义为向为了个人、家庭或居民使用而购买的消费者销售商品和服务的商业活动，包括所有面向最终顾客的销售活动——如销售汽车、服装、餐馆的餐点、电影票等，并指出零售是分销过程的最终环节③。

其实，上述定义表达了大致相似的理解，简洁地来讲，零售就是直接面向最终消费者的商品销售活动或商业活动。由于零售活动直接面向最终消费者，一切零售活动的出发点都应是对现实消费需要的满足。从全球视野来看，许多成功且"长寿"的零售企业，都是秉持从消费者角度出发的理念，持续将需求洞察做到了极致。7 - Eleven 创始人铃木敏文在回顾企业数十年的持续发展和成长时，认为其中的秘诀就在于"一切都彻底站在顾客的立场来思考和实践"④。不可否认，生产能力决定了零售活动开展的物质基础，没有生产就不会有零售，但更应认识到零售活动能否完成最终都会受制于个人消费的速度和规模⑤。这是由于生产的商品如果最终没有被消费者购买就没有意义，正如马克思将商品

---

① 迈克尔·利维. 零售学精要 [M]. 郭武文，译. 北京：机械工业出版社，2004：38.
② 菲利普·科特勒，等. 营销管理 [M]. 何佳讯，等译. 上海：格致出版社，2006：495.
③ 巴里·伯曼，乔尔·R. 埃文斯. 零售管理 [M]. 吕一林，宋卓昭，译. 北京：中国人民大学出版社，2010：4.
④ 绪方知行，田口香世. 零售的本质 [M]. 陆青，译. 北京：机械工业出版社，2015：44.
⑤ 马克思. 资本论：第3卷 [M]. 北京：人民出版社，2018：339.

向货币转化的不平坦道路形象比喻为"商品的惊险的跳跃"那样，零售作为将商品从生产传送到消费的关键环节，要完成的是商品最后的也是最具决定性意义的一次"惊险的跳跃"。毕竟"这个跳跃如果不成功，摔坏的不是商品，但一定是商品占有者"①，而最直接的商品占有者就是身处最终环节的零售当事人。因此，为了使商品顺利地由生产者到达消费者手中，零售活动的开展必须以满足消费需求为出发点，使商品顺利完成最后一道"惊险的跳跃"。

要点提示：零售是直接面向最终消费者的销售活动，零售始终要为"消费的需要"而售，零售活动唯一的不变的出发点是需求洞察。

二、产销分工与零售商业

如前所述，生产是从产品生产逐步发展到商品生产的，即从为了满足自身消费的生产逐渐演变成为了交换而进行的生产。事实上，这种演变和人类历史上的几次社会大分工有着密不可分的联系，交换形式也在其中不断发生变化。在人类社会历史中，共发生了三次社会大分工。第一次社会大分工是农业和畜牧业的分离，此时的交换主要还是物物交换，人们交换的是满足自身所需后的剩余产品。第二次社会大分工是农业和手工业的分离，生产技术的不断改进和生产的日趋多样化，使得单个个体无法承担如此多样的生产活动②。但同时，手工业者如果离开直

① 马克思. 资本论：第 1 卷 [M]. 北京：人民出版社，2018：127.
② 马克思，恩格斯. 马克思恩格斯文集：第 4 卷 [M]. 北京：人民出版社，2009：182.

接提供生存所需产品的农业，日常生活无法持续。因此，手工业生产者可以在市场上将其生产的手工产品和农业生产者生产的农产品进行交换，农业生产者获得了自身不具备生产优势的手工业品，手工业者也可以获得自身生存所需的消费产品。在这种背景下，直接以交换为目的而进行的生产开始出现，商品生产的日益发展带来的是商品交换在社会再生产过程中重要性的逐渐提升。这就为商业脱离生产部门即第三次社会大分工奠定了现实基础。

具体而言，在第三次社会大分工之前，从事生产的人们往往也是自己的商人，作为"专门行业"的商业尚未形成。零售活动主要是在"渠道的蛹化形态"① 即直接流通渠道中发生。对于生产者来说，只有先将自己生产的产品拿到市场上卖出，才能够完成资金回笼，获得用于生存资料购买和下一阶段生产的资金。其中，货币为商品的价值和使用价值分离提供了中间载体，货币的存在使出售商品的一方不需要直接要求获得对方商品的使用价值，而能够以价值的形式暂时持有，等到另一个合适的交易对象出现时，再以价值换取对方商品的使用价值。这种简单商品流通和货币流通的形式，为"作为商品而进入流通的产品"和"专门对商品交换起中介作用"的商人资本的存在提供了必要条件②。随着越来越多的产品进入交换领域，由商人开展的零售活动的规模逐渐扩大，专门从事媒介商品交换的中间人开始登上历史舞台，商业逐渐从生产部门中分离出来。

---

① 纪宝成. 商品流通渠道分析［J］. 中国社会科学，1991（6）：105 – 124.
② 马克思. 资本论：第 3 卷［M］. 北京：人民出版社，2018：362.

从生产部门分离出来的商业是"商品交换的发达形式"①，是从事转售购买的专门行业（图1-1），通过把独立的、自有的货币资金投入流通领域，以 G—W—G' 的发达商品流通形式，专门对商品交换起中介作用。在现代社会，商业并非是某个特定的生产者或者消费者的代理人，而是作为不确定多数的生产者共同的代理人，将大量商品集中在手中，并通过专注于销售吸引众多不确定的消费者，因而也可以称商业是生产者了解消费者和消费者瞭望生产者的窗口②。零售商业则从属于其中，它是面向最终消费者的商品交换的发达形式，强调商业资本从产业资本中独立出来专门从事零售活动的分工特征。它在本质上要求有"专门的人（独立于生产者之外的人）、专门的货币投资、专门从事商品的买和卖"，进而在最终环节媒介成社会商品交换③。

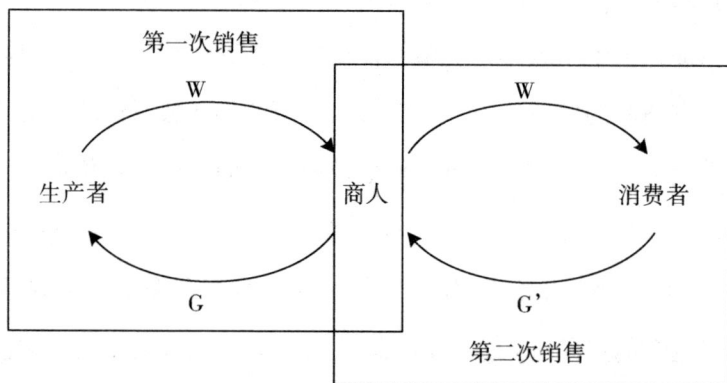

图1-1　商业作用示意图

---

① 纪宝成. 商业经济学教程 [M]. 北京：中国人民大学出版社，2016：8.
② 石原武政，加藤司. 商品流通 [M]. 吴小丁，王丽，等译. 北京：中国人民大学出版社，2004：26-27.
③ 纪宝成. 商业经济学教程 [M]. 北京：中国人民大学出版社，2016：8.

值得注意的是，不同于面向生产者和其他商业者的批发商业，零售商业直接服务于最终消费者、直接推动商品进入最终消费环节。换言之，批发商上连生产者或其他商业者，下接的是其他商业者，而零售商上连生产者或其他商业者，下接只会是消费者。对应地，批发商可以在广阔的区域里去开发市场，从生产者处或者是其他批发商业者处采购商品，再将商品转售给其他商业者（包括零售商和其他批发商）；而零售商可以从生产者或批发商处购入商品，在相对有限的范围内面向最终消费者而售。① 因此，不难理解，批发商可以有多层，通过多次的商品流转，不断将商品推向下一级中间商；而零售商通常只会有一个层次，即与上一级交易获得商品，再将商品销售给最终消费者。正因如此，也就不能简单地从现象出发，认为批发和零售只是交易额上的差别。事实上，"批发是大宗交易，而零售是小额交易"，这是一种外在的现象和特征，交易额上的差别缘于批零商业的实质区别，即零售面向终端环节的消费者而批发面向中间环节的商业者。这种实质的不同，决定了零售活动往往聚焦服务于特定"商圈"甚至特定"位置"的消费者，而批发则致力于跨区域流通和开拓远方市场。批零分工是分工深化在商业内部的必然结果。正如恩格斯所说，"当贸易只限于零售交易的时候，贸易的形式是原始的、粗糙的"②。从趋势上来讲，随着社会经济的发展，"一般流通越发达，加入流通的商品的价格总额越大，商品的批发交易

---

① 石原武政，加藤司. 商品流通［M］. 吴小丁，王丽，等译. 北京：中国人民大学出版社，2004：38.
② 马克思，恩格斯. 马克思恩格斯全集：第5卷［M］. 北京：人民出版社，1958：373.

和零售交易的区别也就越显著"①。批零分工的深化使得每个零售商可触及的商品资源远远突破自己所在的有限区域内，生产者和消费者也得以在更大程度上突破原先的地理条件的限制进行交易。

在零售商业出现以后，零售活动的主体呈现出多元化特征。既可以由生产主体直接承担零售活动，表现为"产销合一"的形式，流通渠道也以直接流通渠道的形式亦即前述的"渠道的蛹化形态"② 运转；也可以由专业化的零售商人来承担，表现为"产销分离"的形式，流通渠道呈现出间接流通渠道的形式。不管是由生产主体同时从事零售活动，还是由专业化的零售商人来开展零售活动，零售活动媒介供需的本质职能都没有发生改变。也就是说，当零售活动由专业的零售商人来承担时，零售当事人所从事的活动"有买有卖"，但在顺序上通常是"先买后卖"，因其本身是"为卖而买"的。为了更好地执行商品流通职能，零售当事人必须不断推动"快速买卖"，并以自身的专业性保证"连续买卖"的进行。而当零售活动由生产者在产销合一模式下附带承担时，零售活动的本质职能仍在于媒介供需，只是不由零售商人来承担，而体现为生产者"自产自销"或自建零售渠道。

要点提示：零售创新的主体不限于零售商，零售商的关键意义在于通过专业化的零售活动保证更高水平的媒介效率。

---

① 马克思，恩格斯. 马克思恩格斯全集：第 31 卷［M］. 北京：人民出版社，1998：219.

② 纪宝成. 商品流通渠道分析［J］. 中国社会科学，1991（6）：105 – 124.

第二节　零售和零售商业的理论本质

一、零售的本质

在社会再生产大循环中，生产、分配、交换、消费是四个紧密衔接、相辅相成的环节。其中，零售作为关键的"交换"要素，是促成社会商品交换的最终环节，这也是其最本质、最直接的功能。商品只有到达消费者手中，而不是由生产者手中暂时转到流通当事人手中，才可以说是销售的最终完成，商品也才在真正意义上完成其流通全程中"惊险的跳跃"。零售则通过推动商品的最终销售，推动商品价值的最终实现和使用价值的有效传递。这种认识则要从商品同时具有价值和使用价值谈起。

从商品使用价值的传递来看，零售当事人只有保证使用价值在传递过程的完整性，才能拥有将商品售卖给消费者并实现商品价值的基础。但零售当事人的活动边界又不止于此，事实上，为了保证社会再生产系统中商品流通的持续、稳定运行，零售当事人必须以消费者的有效需求为活动基点，在为消费者甄别出高质量的、符合其需求的产品的同时，也要向上游生产者及时反馈真实的市场需求，以便生产者更好地了解消费动向，进而持续创造出新颖的、丰富的并且符合市场需要的商品。这是因为"交换价值首先表现为一种使用价值同另一种使用价值相交换的量的关系或比例"，"使用价值同时又是交换价值的物质承担者"①。在等价交换原则的指导下，如果使用价值不完整或者不符合消费需求，交换价值就会失去基础，商品交换无法正常进行，价值也就无法实现。这不仅直接阻碍供需匹配，对零售当事人来说，也导致了预付资金无法回笼，下一步活动难以展开的极大风险。因此，零售过程不仅要保证商品使用价值的完整传递，更要通过与供需双方的持续互动和作用，保证使用价值的有效传递。

　　从商品价值的实现来看，生产者生产商品，并创造价值，但只有通过流通过程，商品的价值才能得到实现，零售则作为流通过程中直接接触消费者的环节，在最终环节实现商品价值。从生产者生产的商品转化为货币（W—G）、货币转化为商品（G—W）这两个相互对立但又互为补充的形态变化所构成的动态框架来看，零售在其中充当着价值交换的媒介角色。对于零售活动来说，最大的风险则来自商品转化为货币（W—G）这一过程，如果没有消费者购买商品，在零售环节暂存的商品也就无法最终转化为货币。而这一过程的顺利完成又极大地依赖于零售作为唯一直接接触消费者的流通环节。一方面要能够向消费者恰当传递商品的信息，帮助其了解和筛选商品，并最终与消费者完成交易；另一方面要能够向生产者反馈甚至是向自身反馈（以产销合一的形式为例）商品需求信息，推动生产者持续创造出符合需求的商品。

　　综上，"为了把货币吸引出来，商品首先应当对于货币占有者是使

---

　　① 马克思.资本论：第1卷［M］.北京：人民出版社，2018：49.

用价值"①，消费者在购买商品并获得使用价值的同时，商品价值也得到实现，并进一步推动社会再生产的顺利进行。这一过程不是自然发生的，而是依赖于零售"媒介供需"职能的发挥。

此外，考察生产、分配、交换、消费之间彼此依存、相互制约的动态关系，还要认识到零售媒介于生产和消费之间的动态作用框架②。正如马克思指出的那样，"一定的生产决定一定的消费、分配、交换和这些不同要素相互间的一定关系。当然，生产就其单方面形式来说也决定于其他因素"③。生产相对于其他的因素来说，在社会再生产中起决定性作用，但交换、分配、消费这些因素不仅对生产有反作用，甚至在一些情况中可以反过来决定生产。具体来看，在生产和消费之间的动态作用中，生产为消费提供对象，而消费又是生产的最终目的，毕竟产品只有在消费中才能成为现实的产品，无法满足消费需求的产品其实是未完成的，因此消费需求会决定生产能否持续进行下去，亦即"生产直接是消费、消费直接是生产。每一方直接是它的对方"④。进一步地，考察生产、流通和消费三者的辩证关系，可以看到包括零售在内的商品流通也是"生产和由生产决定的分配一方同

① 马克思. 资本论：第 1 卷 [M]. 北京：人民出版社，2018：127.
② 纪宝成，谢莉娟，王晓东. 马克思商品流通理论若干基本问题的再认识 [J]. 中国人民大学学报，2017，31 (6)：60 - 70.
③ 马克思，恩格斯. 马克思恩格斯文集：第 8 卷 [M]. 北京：人民出版社，2009：23.
④ 马克思，恩格斯. 马克思恩格斯文集：第 8 卷 [M]. 北京：人民出版社，2009：15.

消费一方之间的中介要素"①。因此，零售的完成既受限于消费者购买需要和消费习惯等需求侧的因素，也会在很大程度上依赖于供给侧的生产效率。

也就是说，零售既是作为生产者的销售代理人而售，也要作为消费者的采购代理人而购。这就决定了零售的媒介职能会随着供需动态框架中主导性力量的不同而有不同的表现形式。当生产在系统中占据主导地位时，零售媒介供需的职能更多体现在快速地将商品由生产推向消费中，典型地，在生产标准化和消费同质化的情境中，零售主要作用于推动商品的快速买卖；而当消费在系统中占据主导地位时，零售媒介供需的职能更多体现在了解、分析需求，并向上游生产及时反馈需求，从而回答好"生产什么、为谁生产和如何生产"等问题，典型的例子是生产的定制化和消费的个性化。

总的来说，在社会再生产视角下，零售的本质是作为关键的"交换"要素来发挥"媒介供需"的作用，这并不因商品生产发展阶段的不同而有所改变。又因为零售是连接供给和需求的最直接的经济活动桥梁，其独一无二且不可替代的终端位置意味着零售活动的开展始终要在生产和消费的动态框架中进行，要随生产和消费的变化而变，这是流通活动在零售形式中的本质体现。唯有如此，零售对于社会再生产过程最关键的作用才能得到发挥。

要点提示：零售媒介供需的最终目的在于更好地满足需求，而这最

---

① 马克思，恩格斯. 马克思恩格斯文集：第8卷［M］. 北京：人民出版社，2009：22.

终仍要通过零售更有效地服务生产、提升供给侧效率来实现，即体现为由洞察需求到联动生产的零售媒介机制。

二、零售商业的本质

从商业资本理论出发，零售商业是社会商品交换的专门行业之一，作为"商品经营业的商业资本"而发挥作用。要理解零售商业的本质，就要从商业资本和产业资本之间的关系谈起。

根据马克思商业资本理论，社会总资本是由"作为商品处在市场上，以便转化为货币"和"以货币形式处在市场上，以便转化为商品"这两种形式的资本组成的。在产业资本循环中，产业资本家在市场上卖出商品并买入原材料，在使商品的价值得到实现的同时，也对生产进行了实物补偿。此时，$W'—G'—W\cdots P\cdots W'$ 构成了商品资本循环的总公式[1]。随着社会生产条件的日益改善和生产规模的日趋扩大，社会分工逐渐深入，产销之间分工合作的趋势越来越明显，亦即"待实现的价值和剩余价值越大，从而所生产的商品资本越大，事务所费用绝对地也就越增大，并且越会引起一种分工"[2]。社会分工不断深化的结果就是"处在流通过程中的资本的这种职能作为一种特殊资本的特殊职能独立起来，作为一种由分工赋予特殊一类资本家的职能固定下来"，商品资本也就成为商品经营资本或商业资本[3]，通过商品的先

---

[1] 马克思. 资本论：第 2 卷 [M]. 北京：人民出版社，2018：101.
[2] 马克思. 资本论：第 3 卷 [M]. 北京：人民出版社，2018：334.
[3] 马克思. 资本论：第 3 卷 [M]. 北京：人民出版社，2018：298.

买后卖，实现资本增殖的同时，也获得了商业利润。此时，商品经营资本表现为 G—W—G' 这种特殊的流通形式。商品经营资本独立出来"对产业资本流通过程起中介作用"①，对应地，零售商等零售活动的专门从业者也就承担了"一种特别的、与产业资本的其他职能分离的、因而是独立存在的业务"②。通俗来说，就是商品买卖行为不再是"生产者的附带活动"，而是"商品经营者的专门活动"③。并且，商业者通常并不从事商品的生产，而是单纯地经营商品来进行商品交换。虽然从社会总资本循环的全过程来看，"商人资本不外是在流通领域内执行职能的资本"④，但不同于一般的商品资本，商品经营资本由专门承担流通职能的主体执行，从事的是与产业资本的其他职能相分离的独立业务，从 W 到 G' 的转化也是由不同于产业资本家的、独立的流通当事人来完成的。

进一步地来看，商业资本要想从产业资本中分化出来，独立地进行商品的买卖，首先取决于商业者自身的流通效率亦即分工经济性能否成立，如果零售商不能以商业资本发挥比产业资本"媒介供需"更高效率的作用，就失去了从产业资本中分化出来并独立存在的条件。而零售商等商业者的流通效率实现或者说分工经济性的实现，则依赖于商业的"自营"，即不同于产业资本，商业资本作为商品经营业的前提是"商人预付货币资本"⑤。"商品经营者，作为资本家一般，首先是作为某个

---

① 马克思.资本论：第3卷［M］.北京：人民出版社，2018：305.
② 马克思.资本论：第3卷［M］.北京：人民出版社，2018：303.
③ 马克思.资本论：第3卷［M］.北京：人民出版社，2018：301.
④ 马克思.资本论：第3卷［M］.北京：人民出版社，2018：311.
⑤ 马克思.资本论：第3卷［M］.北京：人民出版社，2018：305.

货币额的代表出现在市场上……他的资本最初必须以货币资本的形式出现在市场上，因为他不生产商品，而只是经营商品，对商品的运动起中介作用，而要经营商品，他就必须首先购买商品，因此必须是货币资本的占有者。"① 也就是说，零售商必须以独立的货币资金为基础，在商品经营中以预付资金的投入来购买商品，独立地承担经营风险，最终实现专业化的流通效率。其次，商业资本的分化和独立也依赖于商业者在进行商品经营时，能够保证商品使用价值的完整性和有效性，正如前面对零售本质论述的那样，承担"媒介供需"职能的零售当事人只有完整、有效地传递商品使用价值，在商品的"质"上有更好的担保，才能推动商品最终销售的完成，自身也才能够获得零售商业利润，分工经济性才得以实现。由于这一过程既需要流通效率的提升作为前提，又需要保证商品的品质，因此可以将实现分工经济性的必要条件称为"质效担保"（图 1-2）。

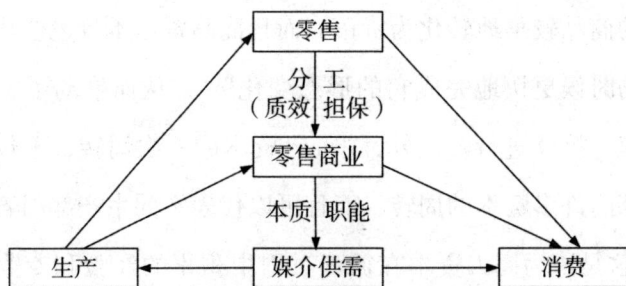

图 1-2 零售和零售商业本质示意图②

---

① 马克思. 资本论：第 3 卷 [M]. 北京：人民出版社，2018：299.
② 谢莉娟，庄逸群. 互联网和数字化情境中的零售新机制——马克思流通理论启示与案例分析 [J]. 财贸经济，2019，40（3）：84-100.

实际上，以上的论述也说明了：商业资本是否独立分化，关系着的是零售本质职能的承担者到底是生产者还是专门的商业者，但零售活动的承担者不同并不改变其媒介供需这一本质功能，所谓的商业分工，只是由特别的流通当事人、专门的资本承担流通阶段的职能，实现社会再生产大循环的供需匹配和结构性调整，即"商人的活动不过是为了把生产者的商品资本转化为货币所必须完成的活动，不过是对商品资本在流通过程和再生产过程中的职能起中介作用的活动"①。

必须指出，零售商业者在以预付资金投入购买商品进行媒介供需时，不仅基于自身的专业化优势直接加快了资本循环，也使生产者在商品尚未到达消费者手中时，就可以提前获得货币，加速资金的回笼，生产者也能够继续将这部分货币用于下一阶段的生产投入或是转化为生活资料以满足自身消费所需。这对于生产者而言，大大缩短了其生产的商品转化为货币（W—G）这一形态变化所需的时间，亦即"不仅生产者可以把他的商品较早地转化为货币，而且商品资本本身也会比它处在生产者手中的时候更快地完成它的形态变化"②，从而推动了整个社会再生产的快速、持续进行。此外，"商人资本的一次周转，不仅可以代表一个生产部门许多资本的周转，而且可以代表不同生产部门若干资本的周转"③。这是因为商人资本在循环过程中积累的经验和专业程度的提升，使得同一商人资本不仅可以促成同一生产者生产的多种商品的买卖，更可以促成不同生产者生产的不同种类的商品买卖，规模经济、集

① 马克思．资本论：第3卷［M］．北京：人民出版社，2018：301.
② 马克思．资本论：第3卷［M］．北京：人民出版社，2018：307.
③ 马克思．资本论：第3卷［M］．北京：人民出版社，2018：307.

聚经济和范围经济优势在这一过程中得到极大的发挥。

"既然它（作者注：指商业资本）有助于流通时间的缩短，它就能间接地有助于产业资本家所生产的剩余价值的增加。既然它有助于市场的扩大，并对资本之间的分工起中介作用，因而使资本能够按更大的规模来经营，它的职能也就会提高产业资本的生产效率和促进产业资本的积累。"[①] 这是因为商业资本的独立除了对于商业者来说能够通过专业化经营来缩短流通时间、降低流通费用并提升流通效率，对于生产者来说，也能够节约为了销售商品而耗费的额外时间，并专注于生产，从而专业化地执行生产职能，提升生产效率，扩大社会再生产规模。最终，零售商业资本的独立能够提升整个社会再生产的效率。

更进一步地，从整个过程所需资本量的角度来考察，由于分工的经济性和专业化优势的发挥，"专门用于买卖的资本（在这里，除了购买商品的货币以外，还包括在经营商业所必要的劳动方面和在商人的不变资本即仓库、运输等方面必须支出的货币），小于产业资本家在必须亲自从事他的企业的全部商业活动时所需要的这种资本"[②]。也就是说，通过资本在流通资本和生产资本中的分割，不管是分割后的生产资本，还是独立出来的流通资本，都远远小于由生产者既从事生产又从事商品经营时所需投入的总资本。分工带来的专业化使得社会整体流通效率得到提升，节约了社会资金。并且，社会总资本中用于执行流通职能的那部分资本的节约，可以使更多的资金投入到生产领域，即"既然它

---

① 马克思.资本论：第3卷［M］.北京：人民出版社，2018：312.
② 马克思.资本论：第3卷［M］.北京：人民出版社，2018：307.

（作者注：指商人资本）把资本的一个较小部分作为货币资本束缚在流通领域中，它就增大了直接用于生产的那部分资本"①，进而扩大了社会再生产的总规模。综上，商品经营资本的独立分化对于生产的意义在于：加速生产者资金回笼，推动社会再生产快速进行；使生产者专注于生产，提升生产效率；使流通资本和生产资本的投入都得到节约，扩大社会再生产规模。

总的来说，产销分工发生以前，直接流通渠道中的生产当事人同时又是零售活动的当事人，即同时是自己的商人。而产销分工后，在间接流通渠道中，零售活动由专门的商品经营者独立开展，即零售当事人作为第三方的零售商业者参与到分工经济中。但无论零售活动是否由专门从事商品购买和转售的独立主体来承担，都不改变零售作为连接供需的经济活动桥梁而承担的媒介供需的本质功能。换言之，作为产业资本循环组成部分的商品资本承担的特殊职能和商品经营资本独立地、专门地承担的商品买卖职能并不会因为分工而发生改变，两者本质上都是商品在社会再生产过程中运动和进行价值形态转化的中介，至于具体形式的呈现，则取决于生产者和商业者之间是否具备分工的经济性。

---

① 马克思.资本论：第3卷［M］.北京：人民出版社，2018：312.

第二章

数字化零售创新的机制与本质：变与不变

以互联网技术以及人工智能、云计算等新技术为代表的数字技术的出现极大地推动了经济数字化，并引发了对于"数字经济"的探讨热潮。通常来说，数字经济的主要驱动力是技术的发展特别是数据和信息数字通信相关的技术发展①。并且，与其他共同作用于生产的技术手段相比，数据信息及其传送才是决定数字经济时代生产率高低的关键因素②，这是因为它可以直接改变包括劳动力和资本在内的传统生产要素的利用方式，从而带来效率的大幅增长。

在数字经济时代，数字技术的应用推动了经济活动所处的环境和条件的深刻变革，零售活动和零售商业的表现形式也受到深远的影响。其中，数字化零售创新，特别是"新零售"热潮的掀起就是一个典型代表。而在数字化零售创新的发展中，各类新型零售业态的集中爆发很容易

---

① RAISINGHANI M. Business Intelligence in the Digital Economy: Opportunities, Limitations and Risks [M]. Hershey, PA: The Idea Group Publishing, 2004.
② 裴长洪，倪江飞，李越. 数字经济的政治经济学分析 [J]. 财贸经济，2018，39 (9)：5-22.

让人有一种"新零售就是一场零售业态革命"的感觉。事实上，对这一观点正误的分析可以从零售业态的定义和零售业发展史上三次业态革命谈起。

现有资料对业态做出了诸多定义，如日本零售业协会提出"业态是对应于消费者购买习惯的营业形态，也就是说业态是根据消费者的购物志向来划分的"。日本学者安土敏则认为："业态是定义为营业的形态的。它是形态与效能的统一，形态即形状，它是达成效能的手段，效能受到形状的制约。"在中国，政府文件如《零售业态分类规范意见（试行）》也对零售业态做出了明确的定义，指出零售业态是"零售企业为满足不同消费需求而形成的不同的经营形态"①。

结合以上定义，简单来看，零售业态指的是零售活动的经营形态。回顾零售业的发展历史，零售业态经历了三次革命。这三次业态革命是零售业在一定社会经济条件下的变革产物，在推动着零售业更好地适应环境变化并实现更好的发展同时，也在一定程度上促进了流通领域甚至是社会的发展②。具体而言，零售业的第一次业态革命发生于 19 世纪

---

① 在 2004 年国家颁布的《零售业态分类》国家标准（GB/T18106—2004）中根据零售店铺的经营方式、商品结构、服务功能以及选址、商圈、规模、店堂设施、目标顾客和有无固定营业场所对现有的零售业态做出了分类，分为便利店、折扣店、超市、大型超市、仓储会员店、百货店、专业店、专卖店、家居建材商店、购物中心、厂家直销中心、电视购物、邮购、网上商店、自动售货亭、直销、电话购物等 18 种业态。以百货店为例，是指在一个建筑物内经营若干类商品，实行统一管理、分区销售，满足顾客对时尚商品多样化选择需求的零售业态，选址主要在市、区级商业中心、历史形成的商业集聚地，其目标顾客是以追求时尚和品位的流动顾客为主；营业面积一般在 6000～20000m²；商品经营结构具有综合性、门类齐全的特点，以服饰、鞋类、箱包、化妆品、家庭用品、家用电器为主；商品售卖方式采取柜台销售和开架面售相结合的方式；在服务功能方面注重服务，并设立了餐饮、娱乐等服务项目和设施；管理信息系统的程度也较高。

② 黄国雄，王强．现代零售学 [M]．北京：中国人民大学出版社，2008：20.

中期，并以具有现代意义的百货商店的诞生为标志。尽管现在看来，诸如商品综合经营、明码标价、退换自由、低价售卖和顾客自由进入等经营手法稀松平常，但这对于当时的零售业来说却是一次质的飞跃。自从百货商店出现后，零售业就"结束了一家一户的'作坊'店铺时代"，呈现出大工业时代的特征①。

第二次零售业态革命以连锁商店的兴起为标志。连锁商店是指"采取统一业态和相似商业模式，经营管理多家店铺的零售组织形态。一般店铺数量在11家以上"②。连锁商店的革新主要体现在零售组织的革新上，通过组织的连锁化、经营的规模化和运营的省钱化，突破大规模生产和小规模零售之间的矛盾，并获得规模经济效益，因而在零售业态发展中展现出更大的生机和活力。

第二次世界大战以后，爆发了以超级市场的产生为标志的第三次零售业态革命，超级市场一改以往由店员服务顾客的形式，主推顾客与商品的直接接触和自我服务。同时在商品种类上，超级市场能够广泛覆盖食品和日常所需的大量商品，极大地满足了消费者的"一站式购物"需求。信息系统的发展更是为超级市场的运营提供了保障，商品包装开始以定量化和标准化为原则进行，条码技术、电脑收银系统、电脑监控系统等技术，特别是销售时点信息管理系统（POS）技术的采用，使得管理规范化、科学化成为超级市场的一大重要特征③。此外，在店铺选址方面，与以往各种围绕城市中心展开的零售业态不同，超级市场的选

---

① 李飞. 零售革命［M］. 修订版. 北京：经济科学出版社，2018：79-80.
② 李飞. 零售革命［M］. 修订版. 北京：经济科学出版社，2018：85.
③ 李飞. 零售革命［M］. 修订版. 北京：经济科学出版社，2018：146.

址远离城市中心，而向居民住宅区渗透。超级市场这场零售业态革命不仅"打开了货架"，更是与信息系统实现了密切联系，对零售业的发展产生了深远的影响。零售业自此加速开始了商情信息的数字化管理进程。典型地，以沃尔玛为代表的大型零售组织强调信息技术在积累和分析销售数据方面的作用，不断地根据数据分析结果所呈现出的消费动向来调整商品经营结构，甚至在信息化的基础上，实现对上游生产组织的资源整合和贯通。

零售业态的"重大变革"具有革新性、冲击性和扩展性①。当前被广泛讨论的"新零售"或数字化零售创新，尽管在不同零售业态中广泛可见，但与历次零售革命对零售"经营形态"的革新有所不同，不能被理解为是一场零售业态革命。

要点提示："新零售"并不是一场新的"业态"革命，而是在数字技术广泛应用的推动下对零售媒介机制进行的变革与升级。

第一节　数字化零售的作用机制之"变"

一、流通效率的时空演进

如前所述，尽管"新零售"这一热潮并不是一场零售业态革命，但其和零售业历史上的三次业态革命相同的是，它们都缘起于生产力的

---

① 李飞. 零售革命［M］. 修订版. 北京：经济科学出版社，2018：20.

发展所引发的对更高流通效率的诉求。由于零售业始终追求以更高的流通效率来有效衔接社会化生产和个人消费需求，换句话来说，零售业始终追求更高的流通效率，管理的革新和技术的进步恰为这一目标的实现提供了重要支撑。典型地，超级市场对信息管理系统的使用和发展，使得零售业对商情信息的数字化管理趋势逐渐增强。如今，世界各国普遍兴起的数字化零售趋势更是以新一代信息技术的应用支持流通效率实现进一步提升的典型体现。

作为社会再生产大循环中的"交换"要素，零售从属于商品流通过程。从"流通在空间和时间中进行"这一角度来看，数字化零售创新的关键作用机理之一就是通过提升零售活动精准、敏捷匹配供需的能力，缩短商品流通时间并拓展商品的市场空间，从而在时间和空间的双重维度作用于流通效率的提升。

具体而言，在时间维度，数字化提升流通效率的关键在于为零售商人提供了更加薄利多销的周转方式。这是因为，对于零售商人来说，在商业资本的总利润量保持不变的前提下，由于"一定量商品资本周转一次获得的利润，同实现这个商品资本的周转所需的货币资本的周转次数成反比"[1]，当周转次数提升时，每次周转获得的利润就会下降，每次出售的商业价格也会下降，从而推动商品的快速买卖，实现薄利快销，从而也会多销。这种规律不仅适用于全部商人资本的平均周转，更是对单个零售商的经营具有启示意义，即其既可以通过降低价格，但又不至于使利润降低到平均水平之下的方式，更大程度地实现快买快卖、

---

[1] 马克思. 资本论：第3卷 [M]. 北京：人民出版社，2018：349.

薄利多销，更可以通过新技术应用等方式改善自身经营能力，直接提升流通效率，从而赚取超额利润。显然地，第二种方式能够为其带来更加持续的利润改善。

数字技术的应用为更大程度的薄利多销提供了现实基础。首先是数字化大大提高了数据处理的能力和数据分析的精准程度，从而有助于改进零售商乃至上游生产企业的商品结构，降低零售过程的供需误配风险。这对于零售商而言，最大的意义在于缩短了以库存形式出现的商品在流通过程滞留的时间，从而快速地将商品从生产推向消费。其次，以互联网技术为代表的数字技术的广泛应用，使得"千人千面"的个性化、多样化需求特征日益明显，面对这种市场需求状况，大数据分析和精准营销等方式能够使零售过程高效地应对和处理日益复杂的供需匹配情况。典型地，数字化中"货找人"逻辑会大大缩短商品的流通时间，提升时间维度的流通效率。

在空间维度，流通效率的提升首先表现为：数字化零售使供需匹配活动的范围扩大，进而使以商品生产为中心的市场空间半径逐渐扩大，亦即通俗意义上的"零售商圈扩展"在数字化情境中可以得到更好的实现。这主要是通过以下两点来实现的：依托大数据资源和市场分析带来的信息优势，零售商能以更低的成本在更大的范围内搜寻合适的交易对象，突破单店的地理限制，在更广阔的市场空间里实现分店扩张，最终不断扩大组织边界；在信息通信技术的支持下，虚拟化的交易场景逐渐被广泛应用，这使得零售活动可以突破传统地理条件的限制。在不需要人或物实际的跨空间流动的情况下，就可以完成信息的高效传输和反馈，尽可能地扩大了零售活动的空间。移动互联网和社交媒体的发展，更是推动了线上零售业务的迅速发展。线上零售业务从交易双方的信息搜寻、匹配到沟通协商与交易确定都可以在不发生实际会面的情况下完成，降低了交易成本，并且以物流运输取代了流通过程对批发的高度依赖，从而快速扩大业务的活动范围。对于无实物形态的零售产品或服务而言，甚至可以完全摆脱地理空间的限制，在全球范围内最大限度匹配合适的消费者并完成交易。

在这种活动范围的扩大中，空间运输对于推动交易完成的作用越来越明显且必要。对应地，增加的运输费用也越来越成为关注的焦点。要明确的是，首先由于市场的扩大、产品交换的可能性都和空间这一要素有关系，因此商品运输这一过程本身就是生产过程的组成部分，运输劳动也因此是形成价值的生产性劳动。也就是说，运输费用的出现并不是对价值的纯粹扣除，而是生产费用在流通领域的追加①。并且高效率的信息通信技术可以改造运输流程，提升运输效率，减少所耗费的运输费用，进而节约生产性流通费用，使交易的完成实现"降本增效"。甚至，物流的社会化和交通运输工具的发展还会提升向更广阔的世界范围去开拓市场的必要性，持续动态地增进流通效率。

因此，数字化零售创新对于空间维度的流通效率的作用，不仅仅是在更广阔的范围里开展供需匹配活动，更是通过节约生产性流通费用来提升流通效率。

值得注意的是，数字化除了分别作用于时间和空间维度的流通效

---

① 王晓东，谢莉娟. 社会再生产中的流通职能与劳动价值论［J］. 中国社会科学，2020（6）：72-93，206.

率，更是能够通过影响时空双重维度的互动演进，使流通效率得到持续的提升。这主要依赖于数字技术带来的交通运输工具和通信工具的快速发展。物流的社会化及其带来的更高的运输效率会推动零售活动在空间的扩张，并使其开拓延续不断的市场。而市场的开拓本身就会通过缩短搜寻、匹配和沟通时间，节省流通时间，这就有助于"用时间去更多地消灭空间"①。在这种互动作用中，伴随零售活动在空间扩张的技术手段的发展实际上也在缩短流通时间，并且由于在社会再生产大循环中，商品到达市场的速度远比空间距离上的远近更重要，"甚至距离也归结为时间"②，数字化因而有助于推动零售实现在时间和空间双重维度的效率突破。

二、产销逻辑的深刻变革

回顾传统工业经济时代，由于产品的设计、生产、销售、评价与消费者部分甚至完全分离③，生产者很大程度上依赖于销售者依据自身经验积累和市场判断所提供的信息，在长期预测的基础上最终做出相应的生产决策，这必然导致商品的生产和实际的市场需求之间存在着较大的时间差。并且，现实的地理区域分割使人们之间的交流成本提高，沟

---

① 马克思，恩格斯．马克思恩格斯全集：第 30 卷 ［M］．北京：人民出版社，1995：538.

② 马克思，恩格斯．马克思恩格斯全集：第 30 卷 ［M］．北京：人民出版社，1995：536.

③ 李海舰，田跃新，李文杰．互联网思维与传统企业再造 ［J］．中国工业经济，2014（10）：135 - 146.

通、交流渠道的单一也进一步阻碍了人们的诉求表达，消费者的个性
化需求被"淹没"在大量的热门、畅销的稳定产品中，长尾需求往往
被追求规模经济的厂商们看作是"闲置资源"而被忽略①②。为了保
证供给与需求之间的匹配，也为了实现生产过程的规模经济，只能保
守地选择去满足同质、稳定的标准化需求③。同时，流通过程的反复
市场"试错"成为推动供需匹配的主要方式。而零售活动作为直接面
向消费者的最终环节，多数企业只有通过推动产品不断流向市场和持
续的商情信息反馈，才能够帮助生产者将不同的商品与真正对其有需
求的消费者匹配起来。可以看到，由于信息沟通、交流的高成本，生
产者只能先根据历史经验和市场预测做出生产决策，再通过逐级推
销，使生产的商品进入流通领域和最终消费环节，这种产销逻辑即为
先产后销的"推式"逻辑。在"推式"产销逻辑指导下，对"试错"
成本的控制和规模经济效益的获取成为传统工业经济时代生产的主要
盈利来源。

随着数字技术的发展，数字经济时代的到来成为现实。作为数字
技术的重要组成部分，互联网技术的极大发展使得"连接"突破了时
间和空间的限制，并建立起一个开放的、通用的、接入和使用成本较

---

① ANDERSON C. The Long Tail：Why the Future of Business is Selling Less of More ［M］.
New York：Hyperion, 2006.
② 郭家堂，骆品亮. 互联网对中国全要素生产率有促进作用吗？［J］. 管理世界，
2016（10）：34 – 49.
③ 郭家堂，骆品亮. 互联网对中国全要素生产率有促进作用吗？［J］. 管理世界，
2016（10）：34 – 49.

低的虚拟空间，或用更形象的话来说就是"平台"①。其中，互联网的用户作为最直接的受益者，其内部不同群体之间连接和交流的成本近乎零②③④。在这种契机下，消费者需求特征发生了巨大的变化。互联网技术的发展使得消费者的个性化需求能以较低的成本、较快的速度反馈给上游中间商甚至是生产商，消费者需求的个性化色彩因而得到放大。

因此，在数字经济时代，包括互联网技术在内的数字技术的涌现使得个性化需求跨时空集聚成为可能，也相对降低了新品开发的成本，从而增强了长尾需求的价值开发的可能性和可行性。甚至，大量面向小众需求的利基商品带来的利润空间可能会超过面向大众市场的、少数的流行产品的盈利空间⑤。

具体来看，首先是长尾需求曲线的"头"部下移和"尾"部抬升（图 2 - 1）。传统的商品陈列是在货架上完成的，自然会受到现实地理条件的限制，进而使信息的跨空间流动受到极大阻碍。而借助数字技术，企业可以将商品的陈列放置于一个无限大的虚拟空间里。在这种陈

---

① AFUAH A. Redefining Firm Boundaries in the Face of the Internet: Are Firms Really Shrinking? [J]. Academy of Management Review, 2003, 28 (1): 34 - 53.

② AFUAH A, TUCCI C L. Internet Business Models and Strategies [M]. New York: McGraw - Hill, 2003.

③ WU J H, HISA T L. Developing E - business Dynamic Capabilities: An Analysis of E - commerce Innovation from I -, M -, to U - commerce [J]. Journal of Organizational Computing and Electronic Commerce, 2008, 18 (2): 95 - 111.

④ HAGEL J, ARMSTRONG A. Net Gain: Expanding Markets through Virtual Communities [M]. The United States of America: Mc Kingsey & Company, Inc, 1997.

⑤ ANDERSON C. The Long Tail: Why the Future of Business is Selling Less of More [M]. New York: Hyperion, 2006.

列载体中，商品信息能够转化为一个个无实物形态的数据字节，并在这一虚拟空间里实现海量汇聚，从而直接降低了搜寻和利用各方信息的成本。对于消费者而言，数字技术支持的多样的信息沟通、交流渠道和精准的大数据分析，使得几乎每一个消费群体都可以和其需要的长尾商品直接连接起来，降低了消费者信息搜寻和需求匹配的成本①。对于厂商而言，能在以较低的成本获得消费者的需求反馈的同时，通过需求的汇聚实现个性化产品经营的规模经济，个性化产品提供的边际成本大幅下降。此外，利用数字技术改造后的生产工具也降低了新品开发和制造的成本。多管齐下，供需之间的信息不对称被极大地消除，在传统工业经济时代被淹没的消费者个性化需求有了表达和实现的渠道，产品空间也得以实现更大的扩张，长尾需求曲线的"头"部下移，相应的需求转

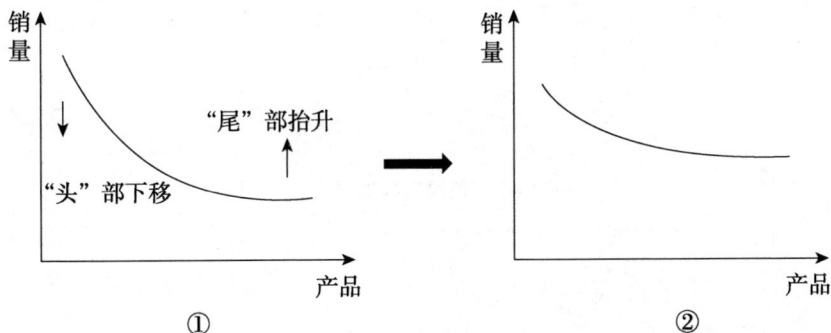

图 2 - 1　长尾需求曲线变化（一）

资料来源：参考 Anderson（2006）整理绘制

① 纪宝成，谢莉娟. 新时代商品流通渠道再考察［J］. 经济理论与经济管理，2018（7）：31 - 47.

向"尾"部，"尾"部得以抬升①②③。

在这种低成本的互动演进中，个性化需求不断得到开发。进一步地，长尾需求曲线的"尾"部有了向后延伸的可能性（图2-2）。互联网技术等信息通信技术的发展使得消费者能够更加方便、快捷地转换渠道来寻求自己满意的商品，进一步促进了其与厂商之间信息沟通、反馈成本的降低，这潜在刺激了消费者更强烈的搜寻和购买更具个性化特征商品的欲望④。个性化需求甚至会被进一步拆解、细分，形成"千人千面"的市场需求状况，从而推动了长尾需求曲线的"尾"部进一步向更广阔的利基商品市场延伸⑤。

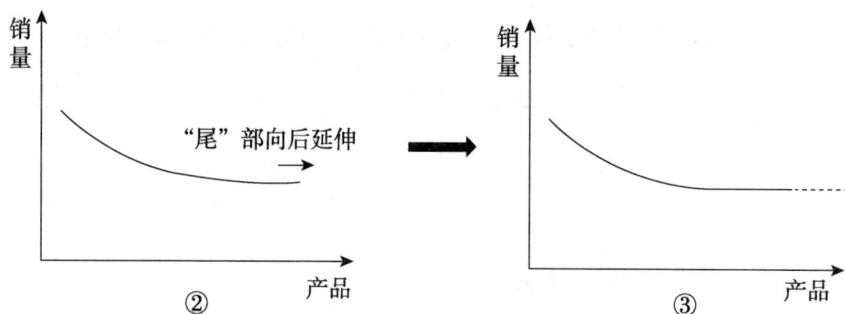

图2-2　长尾需求变化（二）

资料来源：参考 Anderson（2006）整理绘制

---

①　AFUAH A, TUCCI C L. Internet Business Models and Strategies ［M］. New York: McGraw - Hill, 2003.

②　李海舰，田跃新，李文杰. 互联网思维与传统企业再造 ［J］. 中国工业经济，2014（10）：135-146.

③　方福前，邢炜. 居民消费与电商市场规模的 U 型关系研究 ［J］. 财贸经济，2015（11）：131-147.

④　李海舰，田跃新，李文杰. 互联网思维与传统企业再造 ［J］. 中国工业经济，2014（10）：135-146.

⑤　OESTREICHER - SINGER G, SUNDARARAJAN A. Recommendation Networks and the Long Tail of Electronic Commerce ［J］. MIS Quarterly, 2012, 36（1）：65-84.

因此，随着数字化的发展与繁荣，长尾市场被不断开发出来，消费者的需求特征呈现出愈加复杂、多变的特点，利基商品的需求和盈利空间日益显现，使得利基市场的开拓有了现实可操作性。这种变化促使消费逐渐取代生产而开始占据市场中心地位。同时，相较于生产，消费在社会再生产中的主动性大幅提升①，这也正是数字化零售创新中产销逻辑变化的基础。并且，技术进步促使产品生命周期不断缩短，产品推陈出新的速度加快，留给流通过程按部就班地"试错"的时间越来越短，传统"推式"逻辑作用下的供需错误匹配的成本也对应提高。

不管是现实消费需求特征的变化，还是生产力的快速发展所带来的生产、流通领域的巨大变化，都在传递着这样一种信息——原先以生产为中心的商业模式正在逐渐被以需求为中心的商业模式所取代，需求导向型生产逐渐走向舞台中央②。对应地，传统的"推式"逻辑可能不再适用，零售的传统媒介方式也可能失效。产销双方必须通过流程再造来弥补原有流程在市场环境变化时出现的明显缺陷③。因此，为了满足大量种类繁多的、动态变化的长尾需求，也为了实现社会再生产过程的高效运行，必须突破传统工业经济时代中基于长期预测的结果进行生产的方式，转变为以最终订单呈现出的真实消费需求来确定生产决策的方

---

① 方福前，邢炜. 居民消费与电商市场规模的 U 型关系研究 [J]. 财贸经济，2015 (11)：131 – 147.

② 罗珉，李亮宇. 互联网时代的商业模式创新：价值创造视角 [J]. 中国工业经济，2015 (1)：95 – 107.

③ 徐从才，丁宁. 服务业与制造业互动发展的价值链创新及其绩效——基于大型零售商纵向约束与供应链流程再造的分析 [J]. 管理世界，2008 (8)：77 – 86.

式。这一转变要想真正实现，企业必须保证能够精准捕获真实需求，生产也必须快速反应。只有向上游迅速反馈订单，拉动生产端迅速完成供应，企业才能完成流程的再造。数字技术的应用为这一转变所需的流程再造提供了强有力的技术基础。

进一步地来看，这种转变的背后蕴含的是产销逻辑的变化，即由先产后销的"推式"产销逻辑转变为按需定产、定制生产的"拉式"产销逻辑。具体来说，"拉式"产销逻辑的主要特征是以真实的市场需求而非需求的长期预测为导向来引领生产，生产决策极大地接近于实际需求的产生，甚至需求的产生会领先于生产①。商品预售正是"拉式"产销逻辑应用的典型实例。在这一形式中，真实需求先于生产决策产生，每一单位的商品生产都有实际的、可追溯的需求与其对应，从而实现"零库存"，或更准确来说，出现了"负库存"，避免了商品滞销的经营压力。相反，能否实现供应链的快速响应、及时满足消费需求成为首先需要解决的问题。

在"拉式"逻辑中，生产和零售的关系也由原来的以完成市场交易为目的而建立的渠道供销关系逐渐转变为以上下游合作、完成价值共创为目的的供应链协作关系②。产销关系的重点由生产为零售提供商品逐步切换为零售为生产提供订单，生产推动零售的方式逐渐被淡化，零售拉动生产成为主要动力。值得注意的是，为了实现订单的快速反应，

---

① SIMCHI – LEVI D, KAMINSK P, SIMCHI – LEVI E. Designing and Managing the Supply Chain：Concepts, Strategies and Case Studies (3rd – Edition) [M]. New York：McGraw – Hill, 2008.

② 谢莉娟，王诗桪. 国有企业应该转向轻资产运营吗——工业和流通业的比较实证分析 [J]. 财贸经济，2018，39 (2)：118 – 135.

减少从需求产生到消费者获得商品的时间，零售对于生产的主导性作用明显增强，其所衔接的上游生产机制也应进行适应性的调整或重构。典型地，互联网技术的发展推动了以零售为代表的流通组织逆向整合供应链这一路径的实现，零售逐渐成为重构供应链的重要驱动力，这也意味着零售媒介供需的本质职能在数字经济时代的新实现①。

总的来说，互联网作为一种可用资源和企业新能力和新竞争手段衍生的基础，引发了经济活动的"破坏式创新"。这在现实中首先体现为消费需求特征的颠覆性变化②③。特别的，在消费代替生产逐渐占据核心地位的时代，消费需求特征的这种变化带来了以互联网为代表的数字技术对零售及其商业逻辑的重构，进而推动产销逻辑实现了从"推动式"到"拉动式"的蜕变。

三、产销主体的纵向关系变化

如前所述，数字化情境下，消费逐渐占据社会再生产的主导地位，产销逻辑正在发生从"推式"到"拉式"的转变，生产和流通的关系也相应地进行了重构。在这场数字化引发的变革中，零售作为流通过程的最终环节，同时也是直接接触消费者的最初环节，在客观上具有迅速

---

① 谢莉娟. 互联网时代的流通组织重构——供应链逆向整合视角［J］. 中国工业经济，2015（4）：44 – 56.

② AFUAH A, TUCCI C L. A Model of the Internet as Creative Destroyer［J］. IEEE Transactions on Engineering Management, 2003, 50（4）: 395 – 402.

③ 赵振."互联网 +"跨界经营：创造性破坏视角［J］. 中国工业经济，2015（10）：146 – 160.

响应和反馈需求、整合分散的生产资源和推动产能合理配置的潜在作用机理。这一作用机理可以通过零售商的适应性变革以匹配动态变化的需求特征，并进一步联动上游生产形成快速、柔性的供应链响应机制来实现。要理解这种机制，就必须从占据特殊渠道位置的零售商所天然具有的商情信息资源优势，及其能够合理地利用信息技术，对数据信息进行高质量的存储、处理和通信来入手①。

首先是商情信息的大量涌现。互联网等技术的快速发展和广泛应用不仅使得"数据"积累出现空前的盛况，商情信息大量沉淀，更是促使原先难以搜集和获取的真实需求逐渐"浮出水面"。消费数据在日益丰富的同时，也在无限地接近真实需求，甚至能够被无限拆解、细分，形成多个"纳米级"的细分市场②。零售作为与消费者直接接触的环节，最先接触到一手商情信息，因而在信息资源上天然地具有先发优势。

进而，在商情信息的分析和整合方面，不同于传统工业经济时代中对个人经验积累和主观判断的依赖，数字技术的应用大大提升了商情信息的分析和整合能力，使决策的及时性和准确性得到更好的保证。具体而言，未经处理的数据本身会对分析和决策造成很强的"噪声"干扰。而处理程度不足的数据，其所携带的信息量甚至会呈现虚假的"膨胀"，失去应有的准确性，抑制了数据价值的发挥，也会加大个人主观

---

① BAKOS J Y, TREACY M E. Information Technology and Corporate Strategy [J]. MIS Quarterly, 1986, 10 (2): 107 - 119.

② KIM E, NAM D, STIMPERT J L. The Applicability of Porter's Generic Strategies in the Digital Age: Assumptions, Conjectures, and Suggestions [J]. Journal of Management, 2004, 30 (5): 569 - 589.

判断的误差①。信息技术支持下的数据处理则大大突破了个体信息处理能力的神经生理学限制，在使数据处理的速度得到大幅提升的同时，也极大地消除了有限理性及其导致的问题处理程度不足，增强了信息处理的准确程度，使原有的认知约束得到突破，最终大幅改善决策的准确性和及时性。从信息产生到决策做出，不再是"人和数据对话"，而是蜕变为"数据和数据对话"的高级形态②。这种转变对于零售环节的启示意义在于，其可以在拥有海量商情信息的资源基础上，通过应用数字技术，最终实现对数据价值最大限度地挖掘，进而提高经济产出。

此外，商情信息的传递与共享也不容忽视。数字化通过实现商情信息快速、完整地传递与共享，使信息流的高效运转得到保障，减少信息不对称，降低搜寻、交易成本。以信息系统的使用为例，企业通过其及时、完整地传送商情信息，可以推动产业链上各环节之间的协同，从而降低迂回物流等不必要的费用，提升全产业链的协调效率③。并且，在物联网等技术手段的支持下，生产、运输以及销售环节的信息系统能够相耦合，从而使包括商品质量在内的诸多信息能够被完好无损地储存，方便随时地审阅信息和把控整个过程，商品使用价值传递的完整性能得到充分的保证，零售"质效担保"的职能也能得到更好的发挥。

---

① BAKOS J Y, TREACY M E. Information Technology and Corporate Strategy ［J］. MIS Quarterly, 1986, 10（2）: 107 - 119.

② 何大安. 互联网应用扩张与微观经济学基础——基于未来"数据与数据"对话的理论解说 ［J］. 经济研究, 2018, 53（8）: 177 - 192.

③ MUKHOPADHYAY T, KEKRE S, KALATHUR S. Business Value of Information Technology: A Study of Electronic Data Interchange ［J］. MIS Quarterly, 1995, 19（2）: 137 - 156.

　　结合以上分析，可以看到零售作为最终流通环节，先天具有商情信息优势，这为零售的数字化创新和零售商保持自身地位提供了资源基础。如前所述，数字化使得生产者和零售商的关系由基于交易的渠道供销关系逐渐转变为基于价值共创的供应链合作关系。零售商可以通过发挥自身的商情信息优势，逆向整合供应链资源，实现敏捷制造、柔性生产。具体来说，在海量商情信息资源积累的基础上，通过信息的高效搜集和处理，零售商能够开发出符合市场需求的产品概念。又因为数字化基础设施和信息系统在实际使用中的非竞用性和低边际成本特征，供应链上的所有企业能够突破地理条件的区域分割，以标准化、可交互处理的方式紧密联系，这就为零售商迅速识别和配置可用资源提供了有利条件。因此，零售商能够以较低的成本整合上游生产资源，进一步地纵向约束上游生产，及时应对动态变化的消费需求。其中，部分零售商甚至可以通过开发自有品牌来反向主导供应链，与生产商合作共建生产网络，形成合作生产机制。

　　这里有一点值得注意，数字化情境中的零售逆向整合生产并不等同于传统工业经济时代中零售的纵向一体化，两者在产销逻辑上存在本质区别。纵向一体化强调的是零售对上游的实际占有和产权控制，但产销逻辑仍是先产后销的"推式"逻辑，生产决策仍是依赖于对需求的长期预测来做出的。而以数字化支持的零售逆向整合生产，并不强调零售对生产资源的所有权，零售和生产完全能够以合作生产的方式完成价值共创。在产销逻辑上，则是以销定产的"拉式"逻辑。典型地，可以通过"模块化＋延迟区分"的方式，将产品生产流程进行模块化分割，延后进行更易出现消费者个性化需求特征的生产流程，使得商品的生产无限接近于真实需求，甚至在商品预售的形式中，可以实现真实需求的产生领先于对应的商品生产。

总的来说，可以看到数字化为零售创新带来了诸多可能，甚至使零售活动开展的内在逻辑发生了深刻变革。数字化通过为零售当事人提供更加薄利多销的周转方式，在时间维度大幅提升流通效率，并通过扩大零售活动的市场空间范围和节约生产性流通费用，也实现了空间维度流通效率的提升，更是以时空维度的相互联系和作用，动态、持续地提升流通效率。进一步地，数字化通过改变消费需求特征，使得消费逐渐成为社会再生产大循环中的主导力量，进而引发了产销逻辑由先产后销的"推式"逻辑到以销定产的"拉式"逻辑这一颠覆性变化。在此基础上，数字技术的广泛应用为产销主体的纵向关系变化提供了现实可行性。基于零售商特殊的终端位置，通过对商情信息的搜集、分析整合、反馈与共享，零售商有了逆向约束生产、推动产能合理配置的基础，生产者和零售商的关系也由基于交易的渠道供销关系逐渐转变为基于价值共创的供应链合作关系。

第二节　数字化零售创新："不变"的本质

回顾产销主体的关系随着社会分工发展的演变历程，从产销合一到产销分工到零售商业的独立分化再到商业内部批零分工的出现；回顾零售业经营形态经历的多次革命，从百货商店的产生到连锁商店的兴起再到超级市场的流行，可以看到，无论零售活动主体和零售活动的形态发生何种变化，零售始终保持着"媒介供需"这一本质职能，不断在实践中探索更好的媒介供给和需求的方式与方法。数字化带来的零售创新也并不例外。换言之，无论数字化对于零售创新作用的具体作用机制如何变化，由于社会再生产的基本规律在数字化情境下并未改变，零售作为流通过程的关键部分，始终保持媒介供需这一本质职能。

数字化的作用使零售能够更好地匹配供给和需求。正如前文所述，可以看到，在流通效率的提升中，时间维度上流通时间的缩短、空间维度上在更大的地理空间中零售活动的开展和生产性流通费用的节约，始终围绕着"媒介供需"这一职能进行。在数字化引发的消费需求特征的显著改变中，产销逻辑的转变也是为了降低传统"推式"逻辑面临的高昂的误配成本和低效率的匹配，从而零售得以更好地衔接生产和消费。在产销主体的纵向关系变化中，为了保证社会再生产的顺畅运转，零售主动发挥终端信息优势，根据需求变化反向引导上游生产，更好地匹配供给和需求。

但同时也应注意到，在不同的社会制度下，零售作为流通经济活动的根本目的有所不同，数字化零售创新的最终目的和规律也不相同。①

在资本主义经济中，处于流通过程的资本最终难逃以资本增殖和榨取剩余价值为根本目的的"资本的本性"。20 世纪 70 年代，随着信息技术在西方资本主义国家的发展和广泛应用，信息革命在西方国家爆发，信息技术开始与以需求管理和即时生产为特征的"精益生产"逐

---

① 限于本书所聚焦的主题和视角，在此不做详细论证，感兴趣的读者可参考：谢莉娟，王晓东. 数字化零售的政治经济学分析 [J]. 马克思主义研究, 2020 (2)：100 - 110.

渐结合起来，并在 20 世纪 90 年代，逐渐演变为大规模定制和组织结构网络化的生产组织①。通过不断发现、利用和重组处于流通过程特别是零售过程的信息，信息技术的逐渐商用，起到了消除市场需求的不确定性，从而促进生产和消费更为紧密衔接的作用。但这并不改变资本主义生产方式本身。正如马克思指出的那样，"根据订货进行生产，即供给适应事先提出的需求，作为一般的或占统治的情况，并不适合大工业，决不是从资本的本性中产生出来的条件"②。这是因为"所有资本彼此都根据订货进行生产，因而产品始终直接就是货币——这种想法同资本的本性相矛盾，所以也同大工业的实践相矛盾"③。因此，即便随着信息技术不断更新换代，零售活动在新技术的推动下实现全球化的发展与扩张，只要资本主义制度不发生改变，零售乃至流通效率的提升仍然最终为资本增殖而服务，依靠零售来传递反馈市场需求并实现以真实消费需求对生产定制化的真正指挥，仍然难以成为资本主义经济中主流的、占统治地位的生产模式，而只能在有限范围内实现。

在资本主义生产方式下，数字化零售创新也是如此，最终要服务于资本循环与其增殖运动。从资本主义的基本矛盾即生产社会化和资本主义生产资料私人占有之间的矛盾来看，由于对生产资料的私人占有和资本的增殖本性，对于生产者来说，最终难以实现以消费者的实际需求来

---

① 王彬彬，李晓燕. 互联网平台组织的源起、本质、缺陷与制度重构 [J]. 马克思主义研究，2018（12）：65 – 73.

② 马克思，恩格斯. 马克思恩格斯全集：第 30 卷 [M]. 北京：人民出版社，1995：533.

③ 马克思，恩格斯. 马克思恩格斯全集：第 30 卷 [M]. 北京：人民出版社，1995：548.

生产，而是以可投入生产使用的资本为尺度来做出生产决策。在私有资本主导下，即使是数字化的利用，也并非能使生产完全由消费者的全部个人需求来决定。数字化零售创新最终仍要推动发达资本主义国家在全球范围内实现更大规模的资本扩张。甚至，在资本驱动下，生产可能会远超现有的市场边界甚至是有支付能力的需求的极限。市场需求的扩大逐渐落后于资本驱动下的过量生产，生产相对过剩的经济危机随时可能爆发①。

在中国特色社会主义市场经济制度中，以零售业为代表的数字化转型热潮的掀起，体现着与资本主义经济截然不同的目的和规律。不同于资本主义制度下的资本驱动逻辑，我们要牢牢把握住，社会主义生产和发展目的始终是以人民为中心，流通领域包括零售领域的市场化改革与发展的目的也始终要与社会主义生产目的相一致。数字技术的应用支持着流通效率的提升、商业周转的加快和零售反向引领社会再生产资源配置得更为合理化，这一数字化零售机制固然也包含着资本的增殖与扩张，但资本增殖不是目的，而是发展的手段，其最终不是成为资本剥削剩余价值的工具，而是以更好地满足广大人民的消费需求、对美好生活的需要为最终目的。我们要自觉扬弃资本逻辑下的数字化零售缺陷。

---

① 宋则. 马克思市场学说研究 [J]. 财贸经济, 2016 (11)：18 – 33.

02

| 实践篇 |

第三章

中国零售业的自营联营之争

第一节　中国零售业自营联营的基本情况

在中国零售业的发展与演进历程中，采取何种盈利模式一直是不可忽视的同时也是颇有争议的理论和实践问题，选择"自营"还是选择"联营"的争论由来已久。甚至有学者犀利地指出："如果说传销是商业的邪教，那么联营就是商业的鸦片。"[①] 在当前零售业发展的数字化背景下，对这一问题的探讨既具备理论价值，也具有强烈的现实意义。

要想对这一问题有深入的认识，首先要明确"自营"和"联营"的概念与边界。"自营"是指零售当事人以独立的货币资金预先投入，先购买商品再将商品销售给消费者，以购销差价作为利润来源。"联营"则是指零售当事人不再直接采购商品用以销售，而是通过"出租"

---

① 宋则．零售企业放弃自营、普遍联营的经济学分析——重温卡尔·马克思商业资本学说 [J]．财贸经济，2018，39（6）：5-13．

场地、货架、柜台等销售资源，向生产商或供应商收取进场费等租金，并根据销售额抽取一定比例的提成（即"扣点"）。诸如"引厂进店""出租柜台""招商联营""保底抽成""通道费"等都是联营的盈利模式在各种零售业态中的具体体现①，零售商采取联营的盈利模式也被形象地称为是"借鸡生蛋"或"飞行加油"②。

通过前文对零售商业本质的分析，应当认识到零售商业资本要想从产业资本中独立分化出来，首先依赖于零售商自身的流通效率亦即分工经济性的实现，而这需要零售商的预付货币资本投入和其对商品使用价值的完整性和有效性的保证。在自营模式中，零售企业以自有资金从生产商或者批发商手中买进并买断商品，再将商品转售给最终消费者，使预付资本完成增殖。整个过程中，零售商以"买卖"商品的购销差价为主要盈利来源，在拥有商品所有权的同时，也承担商品滞销的库存风

---

① "招商联营"和"保底倒扣"常见于百货店中。"招商联营"是指以招商方式引入知名品牌，在百货店内设立品牌专柜由供应商负责日常经营，商店负责整体运营管理，并通过"保底倒扣抽成"而盈利的经营模式。根据"保底倒扣"协议，百货店按品牌专柜的销售额抽取一定比例的提成作为自己的收益。其中，"倒扣"以"保底"为前提，即百货店以店铺运营成本和盈利为基础核算品牌商的最低销售额和提成比例。而保底倒扣之所以能够实现，主要是依赖于百货店的统一收银，使日常销售数据在 POS 系统中真实体现，并且百货店也可以据此分析和筛选品牌商。"保底倒扣"以追求销售额最大化为前提。参见陈立平.中国百货店的联营制研究［J］.北京工商大学学报（社会科学版），2011，26（5）：13-18."通道费盈利"模式则常见于超市中，通道费也称进场费，供应商或生产商为使产品进入零售商的销售区域并陈列在货架上，事先一次性支付给零售商费用或在今后销售货款中由连锁超市扣除。通道费可以分为与商品销售相关的费用（如新产品上市费用、条码费、最低收入保证金、营销推广费和佣金等）和与商品销售无关的费用（如节日费、周年庆典赞助费、店面装修费、合同续签费等）。关于零售商为何收取通道费的原因，现有研究主要分为"为资源而收费"和"为生存而收费"两种观点，本书在此并不详细展开论述。

② 洪涛.我国流通领域应重视的 11 大问题［J］.中国商贸，2009（16）：52-54.

险。而在联营模式中，零售企业则通过提供经营场所来联合上游生产商或品牌商开展经营，既不存在预付货币资金对购买商品的投入，也不负责商品日常的实际销售，而是主要负责物业管理。整个过程中，商品所有权没有发生转移，仍归上游品牌商所有，执行商品流通职能的仍然是上游生产商或品牌商。零售商则以租费为主要盈利来源，不曾拥有商品所有权，也不承担包括存货、滞销等在内的商品经营风险①。

不难理解，自营模式是前述理论篇中零售商业原理的真实体现，商品经营职能由拥有商业资本的零售商来承担。而联营模式中的商品流通职能是由产业资本承担的，而非独立分化的商业资本所承担。在联营模式中，零售商以接近于平台服务商的角色而存在，为商品销售提供场所和相应的综合管理服务，但商品销售的直接主体仍是上游供应商或生产商。因而这种零售企业尽管在一定程度上发挥了撮合买卖的作用，但在严格意义上不再属于零售"商业"，实际上也并不具有商品经营职能。不仅联营模式不发挥商业资本的职能，即使是在买断商品所有权的自营模式下，如果零售商是以占用的供应商货款与延期的付款充当"预付货币资本"的职能，即由供应商的应收账款来完成日常经营，由于零售企业并非"预付货币资本"的真实来源，这种模式本质上还是由产业资本在执行商品经营职能，在一定程度上也是联营制的一种派生形式。

所以说，自营和联营反映了流通职能的实际承担方分别是商业资本

---

① 谢莉娟，黎莎，王晓东. 中国零售业自营与联营问题的流通经济学分析［J］. 商业经济与管理，2019（5）：5 - 14.

和产业资本这一事实。因此，在零售商业盈利模式上争论不休的自营、联营的比例问题，实际上就是社会总资本领域中商业资本和产业资本如何配置的问题，在一定程度上，近似于直接流通渠道和间接流通渠道的比例问题。如前所述，自营和联营的比例配置问题与商业资本能否独立分化密不可分，而这又在很大程度上取决于零售商业者自身的经营能力和流通效率。尽管从理论上来看，社会分工的不断深化和专业化优势的不断发挥，总是会使商品资本不断从产业资本循环中独立出来并成为商品经营资本，商业资本独立承担流通职能的比例应当越来越大。但是，在零售商业的实际发展与演变进程中，无论商业资本是怎样的发达、活跃，产业资本直接承担流通职能的情况在现实中始终普遍存在，总有部分的商品买卖是由产业资本家自己投入到流通领域中直接完成的，具体的表现如生产商自建分销体系，自行完成商品销售而无须中间商的作用，包括生产商依托线上第三方零售平台进行销售的方式，仍然是由产业资本承担商品经营职能的一种呈现形式。纵观零售商业的发展史，无论是在工业革命时期，还是在新技术不断涌现的数字经济时代，从未出现过完全由商业资本承担流通职能或完全由产业资本执行流通职能的时期，两种方式始终以不确定的比例共存于流通领域，只不过具体的比例会在不同发展阶段而有所不同，占据主导地位的方式也因此有所差别。

但也应注意到，尽管从社会总资本角度来看，商业资本和产业资本可以共存于流通领域，自营和联营之间也不是非此即彼的互斥关系，但偏向某一方的极端情况也是零售业发展存在问题的表现，零售业不能完全依赖于某一种盈利模式而存在。而在中国零售业的实际发展中，联营在盈利模式选择中的极高比例已经成为现实的基本情况。以百货业为例，中国百货商业协会与冯氏集团利丰研究中心联合发布的《2019—2020 年中国百货零售业发展报告》中显示，在受访的 103 家百货零售企业中，尽管有 67.1% 的企业已经采取自采自营模式，但在采取自营模式的企业中，超过 60% 的企业表示自营比例不足 10%[①]。根据王府井、天虹商场、百盛商业、新世界百货四家主要以百货经营为主的企业 2014—2019 年年报数据（表 3-1），"联营"模式收入在企业主营业务收入中占比普遍偏高，并且，租赁模式收入、租金收入与管理及顾问费用等实际上也是属于联营模式所带来的盈利。因此，联营模式收入在企业主营业务收入中占比实际上均已超过六成，王府井集团 2016 年和 2017 年的联营模式收入占比甚至高达 88%。同时还应注意到，由于几家企业的业务还包括如超市、便利店或奥特莱斯、购物中心等多种零售业态，而以超市、便利店为代表的业态往往可以在生鲜产品部分保证一定的自营比例，因此百货业联营制的实际占比有很大可能被低估。此外，根据天虹商场的 2016 年公司年报中对自营业务的介绍，以 Rain 系列买手制百货自营平台、女装品牌 KBNE、苑草壹和 Siastella 的代理虽然在年报中被归属在自营业务中，但实际分别是第三方自营平台的引进和代理业务，均不是体现商人资本职能的自营模式，因此，联营制的实际占比要远高于公布的占比。如此看来，国内百货业实际的联营制比例

---

① 中国百货商业协会，香港冯氏集团利丰研究中心.2019—2020 年中国百货零售业报告［R/OL］.中国百货商业协会官网，2020-07-28.

处于极高的水平，甚至在部分企业中接近100%，而自营业务微乎其微。①

表3-1　代表性百货企业不同经营模式的收入比例

企业	年份 模式	2014	2015	2016	2017	2018	2019
王府井集团股份有限公司	联营	84.59%	83.34%	83.51%	82.84%	79.51%	78.61%
	自营	12.21%	12.71%	11.42%	11.48%	13.58%	14.46%
	租赁	0	0	1.91%	2.14%	2.57%	3.58%
	其他	3.19%	3.95%	3.16%	3.54%	4.34%	3.35%
天虹商场股份有限公司	联营（专柜）	72.68%	—	66.24%	65.36%	61.75%	57.12%
	自营	27.24%	—	28.70%	28.50%	30.14%	32.91%
	租赁（房地产）	0.07%	—	5.06%	6.14%	8.11%	9.98%
	其他	0	—	无	无	无	无
百盛商业集团有限公司	直接销售	8.09%	9.09%	9.87%	11.13%	13.25%	19.12%
	特许专柜销售	77.11%	78.91%	78.98%	73.14%	71.53%	63.21%
	其他	14.80%	12.01%	11.15%	15.73%	15.21%	17.66%
新世界百货中国有限公司	专柜销售佣金	63.71%	60.60%	54.00%	48.67%	44.00%	40.40%
	自营货品销售	19.03%	22.20%	27.40%	31.81%	34.61%	35.50%
	租金收入	15.91%	15.90%	17.50%	19.13%	21.25%	24.10%
	管理及顾问费	1.35%	1.30%	1.10%	0.39%	0.14%	0

　　说明：（1）表格中"—"处代指天虹商场股份有限公司2015年的数据缺失，未公布；（2）除百盛商业集团有限公司展示的是每种经营模式的销售额占比外，其他三

---

　　① 在发达国家中，流通领域的实践情况并非如此。有研究指出，国外零售业同行买断自营的业务收入平均占比50%的水平左右，在不同的零售业态中，这一比例最高甚至超过了80%，最低也在20%～30%。参见宋则. 中国零售业："自营"才是商业之本［N］. 经济参考报，2017-04-10（8）.

家企业均展示的是营业收入占比；（3）王府井集团股份有限公司中"其他"类型收入主要来自该公司旗下各门店的功能商户的租金收入；（4）天虹商场股份有限公司2014年是以"专柜"、"自营"、"房地产业"和"其他"四种经营模式进行数据披露的，2015年公司年报中并未披露各类经营模式的相关数据，且2016年后分为"联营"、"自营"和"租赁"三种经营模式进行数据披露；（5）百盛商业集团有限公司中"其他"类型收入包括租金收入、咨询及管理费以及其他经营收益。

数据来源：王府井集团股份有限公司、天虹商场股份有限公司、百盛商业集团有限公司、新世界百货中国有限公司2014—2019年公司年报。

因此，普遍联营成为中国零售业发展中的特殊现实情况。而要想探究为何联营模式在中国零售业有如此高的占比，就要追溯零售业在中国的发展历程，新中国成立以来和改革开放以来的流通体制变革也与高比例的联营模式有着密不可分的关系。

第二节　中国零售业的自营联营历史回顾

从流通体制的改革和发展历程来看，新中国成立之后的很长一段时间内，受苏联"社会主义无流通论"的影响，"全民所有制生产关系本身是没有流通的，流通只存在于商品经济中"这种观点普遍存在。因此，当时在理论上基本否定了社会主义经济也存在商品交换和商品流通，经济实践中以计划分配和调拨代替了实际的商品流通①。在新中国

---

① 孙冶方. 流通概论 [J]. 财贸经济，1981 (1)：6-14.

成立之后的前 30 年，实行的是计划经济体制。相应地，在流通领域，流通体制也是以依靠行政手段分配调拨物资和商品这种高度集中的方式运行。流通主体集中于国营商业和供销社，一级采购供应站、二级采购供应站、三级批发商店和零售店承担了主要的商品经营职能。商品则以固定供应区域、固定供应对象、固定倒扣作价的原则进行逐级调拨，流通渠道固定且单一。其中，工业品和农业品分别以统购包销、统购统销的方式完成购销。在这种经济环境中，零售商业看似是自营模式，实则在国家的行政命令和严格管控下进行商品购销，既不进行自主选购商品，也不参与商品的市场定价。在当时的环境中，这种方式对掌握货源、保证供应和稳定价格起到了积极作用，避免了市场经济发展的盲目性和不确定性，但也使零售业不具备商品经营、自主采购和市场定价的能力，缺乏专业人才和市场经验。计划经济体制的弊端在商业领域突出表现为商业整体发展力量薄弱。

1978 年，改革开放成为我国流通体制改革的起点。以计划经济为主、市场调节为辅的方针指导着购销政策的调整和国营商业体制的改革，搞活商品流通、促进商品生产成为这一时期流通领域的发展目标。在经济体制改革不断推进的大环境下，传统的依靠行政手段分配调拨物资和商品的流通体制不再适应经济发展的要求，多种经济成分、多种经营方式、多条流通渠道、减少流通环节即"三多一少"的流通体制改革逐步实行。"国营商业一统天下"的独家经营局面逐渐被打破，直接流通渠道和间接流通渠道均得到了一定的恢复和发展。这一时期中，商品的购销形式发生了极大的变化。在工业品购销形式上，除了实行工业品的统购、计划收购、订购、选购四种购销形式，同时积极开展批发商业对工业品的代批代销业务，国营商业和工业部门也以紧密联系的联营联销、引厂进店、出租柜台等形式开展合作。1985 年后，通过对原有的一、二、三级批发机构的下放、撤并，依靠行政手段进行的调拨式的批发体制全面解体，工商联合、批零联合等形式的新型商业企业集团、贸易中心、小商品批发市场成为这一时期工业品流通领域的主导力量。农产品购销形式的变革也在这一时期稳步推进，对于国营商业进行的农产品购销，鼓励其积极开展议购议销，供销社等其他合作经济组织、农民个人也被鼓励积极进行零售购销，自营零售商业在农产品领域得到了政策的鼓励和支持。1985 年国务院 1 号文件的发布更是废除了农产品统购派购制度，自由交易得到极大的发展。在这一阶段，流通体制改革不断向市场化推进，零售业的改革方向整体以转向自营为主，也有部分对联营模式的尝试。

1992 年，随着邓小平南方谈话后对外开放出现的崭新局面，国家开始有控制地对外资开放零售业。以在北京、上海等试点城市各试办 1~2 个外商投资商业企业为标志，零售业成为流通领域利用外资的起点。尽管政策的出发点是希望渐进有序地引进高质量的外资，但是不管是亟待提高地区商业发展力量的地方政府，还是被国内零售业的巨大潜力所吸引的外资，在强烈的合资意愿驱动下，都采取了诸如委托管理、租赁审批、咨询管理、越权审批等试图绕过政策限制的做法①。在这种环境下，国内众多长期受计划调控而非自主经营的零售企业久违地感受到来自市场竞争的压力。并且，由于外资零售企业特别是国际零售业巨

---

① 李晓霞. 开放零售业市场利弊分析 [J]. 商业经济与管理, 1997 (6): 32 - 34.

头相比国内零售企业来说，经营和发展模式已经相当成熟，拥有先进的管理经验、技术和雄厚的资本实力，在进入中国市场时，更是以低价策略给中国零售企业带来了巨大的挑战和强势的市场挤压①。同时，从初始的考察研究到 1996 年后的"跑马圈地"，外资零售企业的大量进入除了在国内零售业掀起强烈的竞争效应，也为大量国内本土零售企业带来了经营理念和盈利模式上的新内容。家乐福等国际零售企业所采取的以销售返利为主的"通道费"模式，由于无须自行采购商品、无须承担经营风险和流动资金需求量较小，被大量国内本土零售企业迅速模仿并沿用至今②。

综上，从零售业在这一时期的内部环境来看，在竞争效应和学习效应的共同作用下，联营模式成为大量中国零售企业快速应对市场环境变化并寻求自身发展机会的现实选择。

此外，1992 年后零售业所面临的外部环境也在一定程度上影响着零售企业对盈利模式的选择。具体来看，改革开放后国内经济的快速发展使得原来长期表现出的供给严重短缺的卖方市场特征逐渐削弱，并在 1996 年，市场供给略大于需求的总体买方市场格局正式形成③。市场供需结构的变化使得原本就由于外资竞争而被削弱的零售业利润空间进一步趋向微薄，处于起步发展阶段的零售企业不得不积极寻求新的盈利模式以保持自身的市场地位。典型地，20 世纪 90 年代中期，城市地区出

---

① 王济光. 面对外资进入中国商业领域的理性思考 [J]. 财贸经济，1997 (8)：12 - 16.

② 刘向东，王庚，李子文. 国内零售业盈利模式研究——基于需求不确定性下的零供博弈分析 [J]. 财贸经济，2015 (9)：108 - 117.

③ 刘国光. 再谈"买方市场" [J]. 财贸经济，1997 (10)：11 - 15.

现高档百货店建设高潮，由于建设者本身多为房地产开发商而在经营经验方面几近于零，大大超过了当时市场需求的容纳能力①。百货店或倒闭、或转为小商品批发市场等，引厂进店、出租柜台等联营发展模式成为普遍现象。此外，在零售的上游——批发领域，改革开放初期传统的"一二三零"流通体制在被打破的同时，原有的批发体系所具备的组织化特征逐渐被削弱②。传统的具有高度组织化特征的批发体系分化瓦解，但新型的、主导型的批发主体力量又长期缺位，甚至取代了原有国有批发企业的批发市场也在以摊位制的联营模式开展经营。专职批发商的缺位使零售企业缺少可直接对接的大型的综合或专业的批发主体，自主采购商品的难度大幅增加。

综合零售业的内外部环境来看，改革开放后才逐渐恢复的零售业在发展起步的初期，就面临着外资零售业的冲击和挑战，加之上游专职批发商缺位和整体市场格局转变，导致利润空间微薄；与此同时，外资零售业带来的"通道费"等联营发展模式又让本土零售企业看到了新的盈利来源。这种环境下，本身就以资金实力薄弱、市场能力匮乏、管理经验不足和专业"买手"团队缺失为主要特征的本土零售商自然选择放弃资金投入量大、对自主采购商品能力和市场竞争能力要求高且经营风险高的自营模式，转向引厂进店、出租柜台、保底倒扣抽成这种相对来说成本和风险均较低的联营模式。特别是在买方市场条件下，市场需求更加多变，异质性需求层出不穷，使得原本就缺乏自主采购能力的零

---

① 李飞. 中国百货店：联营，还是自营［J］. 中国零售研究，2010，2（1）：1 - 19.
② 王晓东. 论我国工业品批发体系重构与完善［J］. 经济理论与经济管理，2011（7）：99 - 105.

售商更加无法满足消费者需求，从而增加了商品滞销带来的库存和资金周转风险，进一步推动零售企业转向联营。可以说，零售业放弃自营、普遍联营是特定历史时期的特定选择，后来的零售业发展在一定程度上形成了路径依赖。

2001年，随着中国加入世界贸易组织（WTO），零售业对外开放的力度进一步加大，外资商业大量地涌入，国内市场竞争程度不断加剧。特别是在2004年，我国流通业全面对外开放，使外资商业的进入速度明显加快，也进一步增强了外资商业对我国市场的控制能力①。这一时期，学习效应和竞争效应并存的局面更加明显。其中，购物中心、便利店、专卖店、折扣店、仓储式商场等新业态的进入为本土零售企业的发展带来了新的思路，流通企业特别是零售企业的现代化管理水平得到迅速提升，但同时，内外资零售企业的竞争也空前激烈。在这种背景下，本土零售企业向低风险、低成本的联营模式的转变得到明显加速。

总的来看，从"社会主义无流通论"到改革开放前对联营模式的尝试，零售业的自营能力还未发展起来，就经历了改革开放后的国有商业企业市场化改革、外资商业大量涌入以及买方市场格局形成的环境变化，使得几乎没有市场能力的内资零售企业不得不面对激烈的市场竞争环境。在这种特定的历史条件下，联营模式确实使众多的本土零售企业得以规避经营风险，并获得一定的盈利空间，进而得以与外资商业竞

---

① 纪宝成，李陈华. 我国流通产业安全：现实背景、概念辨析与政策思路［J］. 财贸经济，2012（9）：5－13.

争，渡过自身的生存危机，进而推动了零售业整体规模的快速提升。一定程度上，我国零售企业自营模式的比例减少并普遍转向联营盈利模式，是具有一定的历史成因的。

第三节　零售业自营与联营之争的焦点解析

回顾我国零售业的发展历史，可以看到改革开放后的零售企业基于种种现实因素，最终普遍选择联营制。但随着零售业的不断发展和创新，特别是在当前供给侧结构性改革热潮掀起和消费体制机制亟须完善的背景下，承担着媒介供需职能的零售作为直接连接生产和消费的经济活动桥梁，对于提高生产满足消费需求变化的动态性和灵活性具有重要作用，也直接影响着人民日益增长的美好生活需要的实现。正因如此，关乎零售企业经营方式的自营和联营的争论也不断发生，那么这一争论的焦点到底是什么？零售企业又当如何选择？

持"零售业应当自营"观点的学者多从社会分工这一视角出发，认为自营模式中，流通效率的改进和生产力的提升是源自商业资本对商品流通职能的专门承担。不难理解，商业资本的出现是社会分工在产销层面的细化表现。如前所述，只有自营模式才是零售"商业"的真实体现，是商人资本在现实实践中的表现形式。也只有在自营模式中，即商业资本是由专职零售商来承担的时候，零售商才能够真正承担起集中商品交易、媒介商品的买和卖的职能，通过发挥规模经济、范围经济、集聚经济等优势、节约社会交易次数、提升社会总交易规模，并扩大交易范围，最终实现社会总流通费用的降低和流通效率的提升。并且，商业资本的意义不止于此，正如理论篇讲到的那样，对于生产者来说，商业资本能够直接地加速生产者资金回笼，并间接地推动生产者扩大生产规模、提升生产效率。从这个层面上来讲，产业资本和商业资本的利益都能够得到改善，也符合经济学理论中的激励相容原则①。进一步地，在社会再生产的整体大循环中来考察，由于生产、分配、交换、消费是紧密衔接、相辅相成的统一体，交换作为连接生产和消费的桥梁，承担着推动商品价值实现和使用价值传递的重要功能，是保证这一大循环顺畅进行的重要基础。并且，提升资金使用效率、加快产业资本的周转循环也是交换的重要作用。其中，零售作为关键的"交换"要素，不仅上连生产，还直接面向最终消费者。因此，准确快速地传递和反馈下游消费者的真实需求是零售的重要任务，而这需要零售业的充分自营才能实现。综上来看，自营应当是零售业的"基本功、必修课"②。零售商只有在自营模式中，才有可能发挥商业资本对于分工经济实现和社会再生产效率提升的作用。

相应地，学者们认为在联营制中承担商品经营职能的并非是独立分化出来的商业资本，而是由产业资本作为实际的承担者，这就极大地影响了社会整体分工经济性的实现。事实上，联营模式的弊端远不

---

① "激励相容"最早由诺贝尔经济学家得主哈维茨（Hurwiez）在其创立的机制设计理论中提出，是指在市场经济中，每个理性经济人都会有自利的一面，其个人行为会按自利的规则行为行动；如果能有一种制度安排，使行为人追求个人利益的行为，正好与企业实现集体价值最大化的目标相吻合，这一制度安排就是"激励相容"。

② 宋则. 零售企业放弃自营、普遍联营的经济学分析——重温卡尔·马克思商业资本学说 [J]. 财贸经济，2018，39（6）：5-13.

止于此，其对于零售商、生产商甚至消费者来说都有不同方面的消极影响。对于零售商来说，由于是产业资本在承担流通职能，零售商的经营对象已经由商品转变为场地，自身也由商品流通商转为出租方和物业管理者，媒介商品交换的核心竞争力不复存在。并且，由于其租金收益很大程度上依赖于所提供的场地资源的稀缺程度，一旦场地资源对于生产商来说不再稀缺，联营模式下零售商的收益也会大大受损。电商的兴起就是典型的例子，联营模式对于零售商来说绝非实现可持续发展的选择。对于生产商来说，由于零售商不再提前购买商品，其不仅无法提前收回货款，实现资金回笼，甚至相比产销合一的形式来说，生产商还要支付进场费、扣点等一系列高昂费用，并承担由于"零供"博弈中力量对抗和谈判带来的损失，甚至还有可能担负延期收到货款的风险。这大大加重了生产商的资金负担和经营风险，降低了产业资本的周转速度，供给侧的效率改进也受到阻碍。对于消费者来说，零售业的普遍联营也使消费者的利益受损。这是由于以销售额提成为盈利来源的零售商在筛选商品时自然会"唯销售额是瞻"，大型品牌商的产品占据货架的主要位置，导致"千店一面""千店一品"的现象频发，大幅限制了消费者的商品选择范围，并且由于租金等费用会加到流通费用中①，从而导致商品价格虚高②③，消费者福利因此受到损害。

---

① 顾国建. 中国零售业须从保利型向价值型经营方式转变 [J]. 中国商贸, 2009 (20)：70 - 73.
② 李飞. 中国百货店：联营，还是自营 [J]. 中国零售研究, 2010, 2 (1)：1 - 19.
③ 陈立平. 中国百货店的联营制研究 [J]. 北京工商大学学报（社会科学版）, 2011, 26 (5)：13 - 18.

也有部分学者从其他的角度出发，论证了联营制存在的合理性。一是从零售企业管理者角度出发，考虑零售企业的现实生存条件，认为我国零售企业的联营制是在经济转轨时期的不得已选择。如前所述，零售商作为理性的"经济人"，考虑到市场竞争激烈的大环境和自身还处于起步发展阶段的现实，为了求得生存，倾向于以放弃买断商品来降低经营风险，并利用自身的销售资源，以收取通道费等费用作为稳定的收益来源。从这个角度看，招商联营是有效率的，这种观点被部分学者所认可。二是从实证模型出发，已有研究发现大型零售商收取通道费并不一定会降低市场效率，损害社会福利①。三是从零售商的实际经营过程出发，有学者认为当品牌经营对专业性的要求比较高，特别是对商品专业知识和专业经营团队的要求较高时，由品牌商利用自身的专用资源优势和高风险承担能力来完成销售更为合理，零售商则主要负责提供销售场所等②。此外，还有研究将视角拓展至线上的电子商务企业，并通过实际数据分析，指出了类比零售自营模式的自营电商对于风险承担并没有表现出特别积极的行为，同时，类比联营模式的平台式电商也未必导致"千店一面""千店一品"的结果③。

综上来看，从不同的角度出发，自营和联营均有其存在的合理性，因此两者并不是"针尖对麦芒"的互斥关系，对于不同的零售企业，

---

① 董烨然. 通道费：大零售商挖掘市场效率的一种机制设计 [J]. 财贸经济, 2012 (3): 94 - 102.
② 李骏阳. 对百货商店非自营模式合理性的探讨 [J]. 商业时代, 2013 (26): 18 - 19.
③ 张昊. 零售电商经营模式与商业行为——结合品牌制造商视角的比较分析 [J]. 商业经济与管理, 2018 (8): 5 - 15.

可以有不同的选择；甚至对于同一个企业，在不同的条件、时期，也可以选择不同的盈利模式。因此，对自营和联营的争论最终应落脚于两种盈利模式在整个社会的合理比例问题，亦即前述的商业资本和产业资本的合理配置问题。

从目前中国零售业的实际情况来看，尽管在特定的历史条件下，零售业选择联营制作为站稳脚跟的基石，但零售业发展至今，普遍放弃自营而过度依赖联营模式甚至使其成为基本模式，结构比例的失衡也引发了诸多的现实问题。

联营模式下的零售商最看重的是品牌管理，追求能够带来短期销售额最大化的品牌或商品，但又因消费者对品牌和商品的认知与选择是有限的，因此"千店一面""千店一品"的现象频发，商品在不同的店面里重复性供给，只能满足部分同质化需求，而无法满足消费者个性化、多元化的动态需求。长此以往，不仅使商品和服务结构的调整更为困难，也会影响零售业整体的创新与发展。在这种短视思维指导下，商业贿赂问题也频繁出现，极大地扰乱了市场的公平竞争秩序。

选择联营模式的本土零售商多依赖促销手段刺激消费需求，以打折等手段来吸引消费者，从而导致高性价比、高质量的有效供给不足。

联营制下的零售商几乎被房地产商主导，自身只负责扮演"二房东"角色，这不仅浪费了零售终端的优势资源，并且从长期来看，留给零售商的可增长利润空间也是十分有限的，零售业的可持续发展问题不容忽视。

对于中国零售业而言，在本身起步较晚的先天劣势下，由于长期依赖联营模式，零售商采购功能缺失，商品自主经营能力进一步退化，核心竞争力不断弱化，进而导致商业资本功能缺失、流通效率损失、"市""场"分离等深层次的流通问题频发。并且，零售企业的规模扩张也受到制约，整体组织化程度较低，与国际大型零售企业相比，在规模上存在明显劣势。这一点在中国连锁百强的零售企业和沃尔玛（全球）及全球零售 250 强的营业收入对比中表现明显。可以看到，从2017 年到 2019 年，我国连锁百强中零售企业的年营业收入总和只能达到沃尔玛每年全球收入 60%～65%的水平。并且在依次扣除掉外资零售连锁企业和中外合资零售连锁企业的收入数据后，我国的"大型"内资零售连锁企业与国际大型零售企业相比，仍处于"中小型"水平，甚至内资零售连锁百强的营业收入总和只有沃尔玛全球营业收入40%～60%的水平（表 3 − 2）。而中国连锁百强中，无论是前四强还是前八强与全球零售 250 强的前四强、前八强相比，均只有后者 10% 左右的水平（表 3 − 3）。如果我国零售业不改变对联营制的过度依赖，自身发展必将遭到束缚，相比于国际零售企业，很难提高其在供应链乃至全球价值网络中的渠道话语权。

表 3 − 2　中国连锁百强（零售）与沃尔玛全球收入的对比

年份	2017	2018	2019
连锁百强（零售）收入（亿元）	20274.47	22539.69	23194.45
连锁百强（零售 − 1）收入（亿元）	17228.49	19231.27	20210.56
连锁百强（零售 − 2）收入（亿元）	16187.37	18299.03	19241.62
沃尔玛全球收入（亿元）	33782.16	34040.24	36145.66

年份	2017	2018	2019
连锁百强（零售）与沃尔玛的收入比（%）	60.0	66.2	64.2
连锁百强（零售 –1）与沃尔玛的收入比（%）	51.0	56.5	55.9
连锁百强（零售 –2）与沃尔玛的收入比（%）	47.9	53.8	53.2

说明："连锁百强"指中国连锁经营协会公布的年度连锁百强企业；"连锁百强（零售）"指"连锁百强"中扣除包括批发连锁等非零售连锁企业（如山东全福元商业集团等）后的有关数据；"连锁百强（零售 –1）"指"连锁百强"中扣除包括批发连锁等非零售连锁企业（如山东全福元商业集团等）与外资零售连锁（如沃尔玛中国、家乐福中国等）后的有关数据；"连锁百强（零售 –2）"指"连锁百强"中扣除批发连锁等非零售连锁企业（如山东全福元商业集团等）、外资零售连锁（如沃尔玛中国、家乐福中国等）、中外合资零售连锁（如联华超市股份有限公司、大商股份有限公司等）后的有关数据；根据中国连锁经营协会公布的统计口径，连锁百强和内资连锁百强均采用销售规模（或营业收入）进行统计，包括线上及线下含税销售额（或营业收入），销售规模统计不包括内部交易、企业的批发市场交易额、汽车、加油站及农资等生产资料销售额；"沃尔玛全球收入（亿元）"由美国零售杂志 Stores 公布的沃尔玛每年全球收入（单位：百万美元）与当年美元兑人民币的年平均汇率换算得到。其中，沃尔玛 2017 年至 2019 年的全球收入（单位：百万美元）分别为 500343、514405、523964，2017 年至 2019 年美元兑人民币的年平均汇率分别为 6.7518、6.6174、6.8985。

资料来源：中国连锁经营协会官网，美国零售杂志 Stores。

表3-3　中国连锁零售收入与国际比较　　　　　　单位：亿元

年份		2011	2012	2013	2014	2015	2016	2017	2018
中国连锁百强	前四	4209	4576	4519	4759	5296	5360	5961	6721
	前八	6189	6948	7148	7354	7868	7910	8565	9678
全球零售250强	前四	48740	48501	48428	49723	49990	54413	58533	6073
	前八	70732	70252	71100	72769	71488	79072	8622	9002

说明："中国连锁百强"是指中国连锁经营协会公布的年度连锁百强。"全球零售250强"指美国零售杂志 *Stores* 公布的 Top250 Global Powers of Retailing，其中，前四和前八均无中国企业。表中数据单位均为亿元，全球零售250强相关数据经过当年年平均汇率折算。

资料来源：中国连锁经营协会官网，美国零售杂志 *Stores*。

　　如前所述，联营模式的选择也会带来生产商的利益损失和风险加剧，这一点在我国频发的"零供"冲突中充分暴露。从2005年3月连锁超市品牌普尔斯马特以拖欠上游供应商货款来完成周转经营，最终资金过度透支的"普马事件"，到2007年9月家乐福向蒙牛借摊派月饼收取高额的进场费、过节费、促销费的蒙牛与家乐福之争，再到2012年百安居以"安装服务费""咨询费""促销成本"等名目扣除供货商货款的"百安居事件"，"零供"关系的日益紧张充分显示出我国零售业长期以来过度依赖联营制的弊端。

　　综上，尽管从理论上来看，自营和联营两种盈利模式均有其存在的合理性，也不是"针尖对麦芒"的关系。但也不可否认，联营制在特定的历史阶段保证了中国零售企业的生存机会，推动了零售业的快速扩张。但中国零售业的特殊发展现实是，在经济转轨时期和零售业对外开放的进程中，本应逐步向市场化转型的零售企业逐渐向联营制的成长和进化路径走偏。时至今日，零售业几乎全面陷入联营，甚至联营制成为某些大型百货的唯一生存模式，这种低位生存方式逐渐演化为极端状态并在零售业中占据过高的比例，坚守自营阵地并成功的零售企业寥寥无几，使得中国零售业发展和创新颇受争议。因此，中国一段时期以来的实体零售业趋于式微，本质上是由于在商品经营资金、市场经验的原始积累不足和采购管理与需求洞察能力欠缺的情况下，市场化改革进程中商业资本和产业资本未充分实现高效率分工而带来的。零售商业媒介供需职能和先导性产业职能发挥不足，在实体零售领域引发了重复供给过多、有效供给不足和流通不畅的问题，在社会再生产领域则进一步导致供需错配和结构性失衡的出现。

第四章

数字化零售趋势与中国零售业的新挑战

第一节　中国零售数字化新实践

从中国零售业的现实历程这一角度出发，零售的数字化转型热潮现下在全球范围内的掀起，对于西方发达国家而言，是零售业在新技术条件下一次自然而然的变革，是循序渐进的零售商业发展进程的中间环节；但对于长期高度依赖联营制的众多中国零售企业来说，在其核心竞争力逐渐弱化，自主经营能力丧失的薄弱基础上，数字化的广泛应用无疑为零售业突破一段时期以来流通效率偏低、利润空间微薄的困境提供了有力的技术手段。数字化成为弥补零售商市场经验不足、改进商品供给结构的实现基础，有助于推动零售企业回归"商人"的身份，真正承担商品流通职能，并进一步地加快社会总资本周转速度，促进成熟市场体系的形成。

在这场变革中，被无数人广泛讨论的"新零售"无疑是数字化对于中国零售业发展的特殊意义的典型体现。之所以"新零售"的概念能够迅速兴起并在业界和学界掀起讨论热潮，本书认为和"旧"的、"老"的零售发展不振不无关系。一方面，数字技术的迅速商用化，给传统实体零售业的经营带来了极大的挑战。伴随着以互联网技术为代表的数字技术的迅速发展，电子商务企业如雨后春笋般涌现，低成本地直接触达消费者变得切实可行，零售活动的范围也得以远远突破传统"商圈"的有限空间。并且不同于实体零售中商品陈列所依赖的货架，线上零售的商品信息放置在无限的虚拟"货架"空间中，可提供更多个性化、差异化的商品供消费者选择，以低成本、高效率的方式极大改善了商品结构。这直接导致了联营模式下零售企业赖以生存的场地等销售资源的稀缺性不断降低，依靠出租店面、柜台、货架的盈利模式的稳定性受到极大的冲击，实体零售商"招商联营""引厂进店"的难度不断加大，一直以来的"二房东"这种低位生存方式受到极大的威胁。甚至，基于互联网等技术的应用，上游品牌商或制造商纷纷自建或入驻线上平台，拓展网络零售业务，无须过多依赖实体零售店面。对于百货、超市、专卖店等一批传统实体零售商而言，关门闭店的压力席卷而来。

另一方面，数字技术的兴起也为零售企业带来了新的发展契机。数字技术的应用本身有助于解决生产和消费之间的信息鸿沟，这为零售业回归自营模式并提升自主经营能力提供了有利条件。首先在大数据技术的支持下，零售商能够充分、快速地洞察市场需求，从而减少需求不确定性及其带来的商品滞销或库存不足的经营风险。其次，正如本书理论篇提到的那样，消费者在搜寻、购买商品时产生了包括消费偏好、交易信息等在内的海量且精细的数据，形成了庞大的数据池。借助人工智能、云计算、大数据等技术，零售企业能够以较低的成本、较高的效率获得这些信息，并通过模型和算法等有针对性地将海量分散的信息数据组合、连接起来，形成高利用价值的商情信息，刻画日益丰富、立体的消费者画像，甚至可以捕捉到转瞬即逝的长尾需求。进一步地，在前述的数据资源的基础上，零售商在商品采购环节，能够基于贴近实际的需求信息采购真正符合消费需求的优质、高性价比的商品，提升自身的商品采购能力，保证核心竞争力；在商品销售环节，零售商也可以利用已有的消费者画像，在大数据模拟匹配等技术的加持下，尽可能地实现精准营销和智能推荐，为消费者打造一对一的专用销售空间，打破"千店一面""千店一品"的困境。如此循环往复，数据池的量级能够实现动态、持续地扩大，零售企业的自主经营能力能够得到持续改善，市场经验和核心竞争力也可以不断强化。

在挑战和机会并存的时代背景下，"旧"零售生存和发展的压力剧增，"新零售"概念逐渐盛行。那么，"新零售"到底是什么？2016年10月，阿里巴巴集团创始人马云提出"新零售"的说法，认为"纯电商的时代很快会结束，未来的十年、二十年，没有电子商务一说，只有新零售一说。也就是说，线上、线下、物流必须结合在一起，才能诞生新零售"。2017年3月，阿里研究院发布的《C时代　新零售——阿里研究院新零售研究报告》将"新零售"定义为"以消费者体验为中心的数据驱动的泛零售形态"，并指出"区别于以往任何一次零售变革，新零售将通过数据与商业逻辑的深度结合，真正实现消费方式逆向牵引生产变革。它将为传统零售业态插上数据的翅膀，优化资产配置，孵化新型零售物种，重塑价值链，创造高效企业，引领消费升级，催生新型服务商并形成零售新生态，是中国零售大发展的新契机"①。随后，国内众多零售业界人士纷纷针对新的零售概念给出了自己的理解和认识。小米科技创始人兼 CEO 雷军认为："新零售就是效率革命。新零售的需求是结合线上线下，用互联网的思维来帮助实体零售转型升级，改善用户体验，提高效率。"京东集团董事局主席兼首席执行官刘强东提出第四次零售革命宣言，认为"下一个 10 年到 20 年，零售业将迎来第四次零售革命。这场革命改变的不是零售，而是零售的基础设施。零售的基础设施将变得极其可塑化、智能化和协同化，推动'无界零售'时代的到来，实现成本、效率、体验的升级"。苏宁控股集团董事长张近东则提出了"智慧零售"的概念，即"运用云计算、大数据、物联网等技术，构建商品、用户、支付等零售要素的数字化，将采购、销售、服务等零售运营智能化，以更高的效率和更好的体验为用户提供商品和服务"。

尽管"新零售""无界零售""智慧零售"等众多新的零售概念不断掀起讨论热潮，但探究这些新兴零售概念的背后，不难发现，"数字化""互联网""O2O"等关键词在这些概念里被频繁提及。事实上，对于我国零售业而言，以新零售为代表的数字化零售创新，并不是单纯地以电子商务、线上零售替代实体零售，也不是实体店与互联网的"联姻"，更不是线上与线下零售业务的简单相加，而是打破零售企业

---

① 阿里研究院. C 时代　新零售——阿里研究院新零售研究报告 [R/OL]. 联商网，2017 – 03 – 29.

长期以来的联营制路径依赖，并且区别于以往简单的扩大商品买断经营比例的做法，对成功的、可持续的自营模式的一次重要探索。而且，在人工智能、大数据、云计算、物联网等技术与商业发展不断紧密结合的背景下，以全产业链视角切入来开展深度自营，是零售企业在数字经济时代实现自营能力全面提升的切实有效的路径。结合目前已有的零售数字化转型新实践，本书将具体的几种可行模式总结如下。

第一，大数据合作经营，提升自营效率。如前所述，数字经济时代，数据信息是最核心的资源，作为关键因素决定生产率的高低。但要想充分利用大数据资源优势，在前期开发阶段，企业不仅需要专业人才或团队，还需要大量的资金投入以及充分的数据运营与管理经营。这些要求大大限制了中小规模的零售商甚至是已经达到一定体量的零售商开发并充分利用数据资源的能力。在这种情况下，企业可以与专业互联网公司或者头部电子商务企业合作，在借助专业团队的大数据赋能和能力输出，充分享受数字化红利的同时，通过数据共享，为互联网公司或大型电商集团的数据池"添砖加瓦"，实现互惠互利。典型地，传统零售小店的数字化改造一直是中国零售业数字化转型中的重要部分。这不仅是由于零售小店作为城市经济运行的毛细血管，在解决就业问题、保持经济活力、驱动消费升级等方面具有重要作用，更是因为其大量且分散的特点使得数字化改造难以迅速推行。而通过与以阿里零售通、京东新通路、苏宁零售云等为代表的大数据中心合作，依托他们的大数据技术，小店能够方便快捷且低成本地明晰周边消费者的需求偏好，并根据数据分析结果改善商品、货架的陈列与布局，甚至通过深度合作，小店不仅能够以更低的成本接触上游优质的生产商和品牌商，优化商品供给质量，甚至能够实现全门店的信息化、数字化管理，降低运营风险与成本，提升自主经营效率与盈利空间。

第二，生产源头直采，加强商品品质担保。作为满足消费者日常即时性需求的商品，生鲜产品能够在较短时间内带来较大的客流量，商品复购率也有很好的保证，同时还具备毛利率高的特征，以超市为代表的零售业态可以以生鲜商品作为突破口，开拓自营业务。但同时也应注意到，消费者一般对于生鲜商品的品质要求很高，因此零售企业在生鲜商品的经营上能否与优质的产地资源实现高效对接，是其能否在生鲜业务领域站稳自营脚跟的一道重要的考核。对此，超市等零售业态可以利用互联网的连接功能，在持续深耕生鲜产品业务的基础上，不断扩大产地资源挑选范围，最终与精选的优质产地源头建立合作关系，甚至可以进行全球范围的直采，减少不必要的流通环节。此外，信息系统的构建，使生鲜产品的溯源体系得以实现，能够保证从产地源头开始严格把控产品质量。事实上，数字技术对于生鲜商品经营的实践作用不止于此，大数据技术的应用能够优化零售企业的选品决策，实现直采产品与消费需求的精准契合。并且，数字化信息技术也推动着交通运输体系和物流基础设施的不断完善，从而企业能够高速度、低成本、有保障地将生鲜产品从产地运输到门店进行销售，大幅降低商品损耗率，并规避生鲜产品特有的易腐易损性所带来的经营风险与成本。以部分行业内代表性超市的实践为例，通过规范产品标准和严格要求质量，保证优质产地的挑选，并借助大数据精准选品和高效的运输体系，使生鲜产品能以最短的时间到达各销售门店，生鲜产品的全品类自营也因此有了坚实的实现基础。

第三，技术驱动创新，全面升级门店服务。零售商对消费场景的重新定义在物联网、人工智能、传感技术、AR、VR 等技术的日趋成熟和商业化运用深度不断提升这一背景下，有了更大的实现可能。这一点首先表现在依托大数据分析技术，零售企业能够清晰地了解门店所在商圈范围内的消费者行为特征与消费偏好，在门店的选址和选品决策中，实现不同门店的差异化设计与经营。其次，物联网等技术能够对商品销售情况、库存状态甚至是采购流向进行实时掌控；而通过信息传感设备对消费者的面部表情与实际选购行为的记录及分析，企业能够实现对消费者心理状态、情绪的掌握。结合以上两种程序，门店可以针对不同特征的人群推荐并提供定制化的产品与服务，最终打造商品、用户、管理全面数字化、智能化的新型门店。值得注意的是，尽管数字化实现的消费场景重塑和销售服务升级具有提高用户黏度、流量转化率和门店经营效率的直接作用，也会不断吸引更多的消费者到店，但更重要的是，数字技术作为重要的技术支持，能够在这一过程中收集更多的消费数据并加以分析，以持续优化下一轮自营商品的精准选品。典型地，随着智能手机、移动互联网的普及，刷脸支付、智能机器人导购、智能购物车、虚拟试衣等功能的推出，不仅直接提升了消费者购物体验，更能够将消费信息以尽可能精细的维度记录下来，为后续数据利用提供有效积累。

第四，培育买手团队，打造自营品牌。正如理论篇对数字化情境下消费需求特征的变化所分析的那样，个性化消费需求在数字经济时代得到充分放大，长尾需求曲线的"尾"部抬升并向后延伸，真实的消费需求在"千人千面"的基础上甚至接近"一人千面"。因此，具备一定特色的差异化商品更容易获得消费者青睐。这对于商品采购的启示意义在于，原先联营模式下以"唯销售额论"来决定供应商、品牌商的做法不再可行，处于时尚前沿并具备全球化采购视野的专业买手团队的培育成为零售商特别是大型百货店回归自营的"必修课"，同时大数据分析技术的应用能够高效完成对目标消费者更为精准的市场细分，指导买手团队基于零售企业的市场定位和消费者需求来完成商品采购，从而实现差异化竞争。随着消费数据的不断积累和分析工具的不断强化，企业依托买手团队构建自营品牌，并使进一步指导品牌定位和优化商品品类成为可能。自营品牌的构建有助于提升零售企业的消费黏度、消费者信任感与忠诚度，并在数字技术作用下，企业可充分规避需求不确定性带来的经营风险，从而改善自身盈利结构，大幅提升盈利空间。典型地，银泰、万达等百货商店现下已经推出的"优选"项目，以培养具备专业化素养的买手团队为支撑，将商品挑选范围拓展至全球，或是以地方特色产品为起点，开发独具特色的自营品牌。

第五，整合供应链资源，引导生产适应性变革。如前所述，数字化为以真实消费需求为导向的供应链重构提供了有力的技术支持，有助于供给侧效率的提升。具备一定资金实力和管理能力的零售企业可以充分发挥自身的终端消费数据优势，向上游生产端延伸生产能力。具体来看，通过信息系统的构建以及与上游相耦合，企业可以加强与供应链各个节点企业之间数据的共享、商情信息的沟通与传递，从而将供应链各个环节紧密联系起来，实现供应链全程贯通，并进一步地推动生产结构和生产组织的适应性调整或变革。最终，生产能够快速响应动态变化的消费需求，零售端不断实现精准与高效的供需匹配，全产业链效率得到大幅提升。典型地，以沃尔玛为代表的部分全球性零售企业，基于全球业务的开展，能够获得海量的消费数据信息，进而创造差异化的产品概念与设计，并以原始设计制造商（ODM）模式与上游生产商共同开发产品，填补市场空缺。在这一过程中，零售企业同时严格把控生产过程与产品质量，最终实现从买进卖出商品的自营模式向深度自营模式的成功转变。又如韩都衣舍等代表性互联网企业，基于数字技术深入洞察消费需求，形成相应的产品概念，同时构建信息系统，与上游生产商实现实时的信息沟通，充分掌握生产能力，完成能快速响应市场需求动态变化的自有品牌开发。

因此，本书认为，以新零售为代表的零售创新，必定包括（但未必完全等同于）互联网等数字技术驱动的媒介效率的质变。

综上来看，尽管对于西方发达国家而言，数字化零售创新是其零售业进程中循序渐进的一次变革，而我国零售业由于特殊的历史原因，长期高度依赖联营制以求得生存和盈利，数字化的兴起与逐步商用化为零售业的发展带来了生存挑战和创新契机，使得零售企业不得不重新审视原有的盈利模式在剧烈变化的时代背景下的可持续发展问题，数字化零售创新也因而成为讨论和实践热点。但也应注意到，由于社会制度的不同，中国以"新零售"为代表的零售数字化转型与资本主义国家的数字化零售创新也有一定的差异。正如理论篇指出的那样，与资本逻辑驱动的数字化零售创新不同，社会主义制度中，由于生产和流通的目的始终坚持以人民为中心，零售的数字化转型最终并不是为资本增殖而服务的。因此，以现代化交通体系、信息化物流运输系统为代表的众多建设周期长、投入资金需求大、收益回报慢的基础设施在社会主义制度中更具有超前配置的优势,零售数字化转型中所需的大规模的、先进的交通、运输、通信、信息等产业基础设施建设能够得到更好的支持与发展。①

第二节 零售数字化转型的可能陷阱及其应对

在资本主义经济制度下,流通领域对新兴数字技术的应用,虽然极大提高了流通效率,但带来的潜在后果是不仅无法跳出反而可能进一步推动生产的无政府状态的发展,强化资本对流通领域的控制,加速价值创造与价值分配的分离关系。而对于坚持社会主义市场经济体制的中国来说,在市场体系尚不健全、商品经济发展尚不成熟的状态下,数字化零售创新就像一把双刃剑,一方面,零售的数字化转型有可能强化零售引导社会再生产资源实现合理配置的能力,但同时也要警惕,在经济和产业尚不发达的地区,数字化也有可能赋予商业支配产业的巨大力量,为贫困地区带来商业掠夺的潜在风险。因此,在中国的零售数字化转型实践中,既要积极拥抱数字化,坚持数字化零售创新,走出联营模式依赖,但也应清晰认识到并始终防范零售数字化转型陷入资本逻辑的可能,坚持完善社会主义市场经济制度,坚持以人民为中心,掌握好数字化零售这把双刃剑的刀刃朝向,防止数字化技术异化为资本对劳动的剥

---

① 王晓东,谢莉娟.社会再生产中的流通职能与劳动价值论 [J].中国社会科学,2020 (6):72-93,206.

削工具。

一、防范资本主义拜物教观念盛行

在以私有制为基础的资本主义经济中，"人与人的关系"被颠倒和异化为"物与物的关系"，似乎商品或货币具有一种决定生产者命运的神秘力量，资本的价值增殖是来自资本本身或物本身的魔力，亦即商品、货币或资本的拜物教观念。

根据马克思对人类社会发展的三大社会形式的划分，在最初自然经济时期"人的依赖关系"第一阶段，生产力尚未得到充分发展，交换不是经常发生，自然也就谈不上拜物教性质和观念。只有随着生产力的不断进步，发展到"以物的依赖性为基础的人的独立性"第二大社会形式阶段，才能形成"普遍的社会物质变换、全面的关系、多方面的需要以及全面的能力的体系"①。这一阶段为第三大社会形式的出现，即共产主义社会"建立在个人全面发展和他们共同的、社会的生产能力成为从属于他们的社会财富这一基础上的自由个性"②，创造了不可或缺的、丰裕的物质积累。也正是在"物的依赖关系"第二大社会形式阶段，商品、货币或资本的拜物教性质成为客观存在着的"神秘性

---

① 马克思，恩格斯. 马克思恩格斯全集：第30卷［M］. 北京：人民出版社，1995：107.
② 马克思，恩格斯. 马克思恩格斯全集：第30卷［M］. 北京：人民出版社，1995：107－108.

质"①。而拜物教观念则是从颠倒的关系出发而产生的主观上的歪曲和错认,是社会意识和观念的上层建筑②。正如马克思所蔑视和批判的那样,"如果把所有资本合在一起,资本就能从无生有,由负变正,从负剩余劳动时间或负剩余价值变成正剩余价值,这样资本便拥有一个神秘的、不以占有他人劳动为转移的创造价值的源泉"③。在资本主义经济中,认为物或资本自动创造价值的歪曲认识,通过资本的流通过程更是得到了加剧呈现。

这对我国流通领域尤其是零售领域的发展具有极大的启示作用。从现阶段发展来看,尽管我国已经经历了七十多年的社会主义建设和四十多年的市场经济改革,社会生产能力和生产效率都得到了较大的提升,但和资本主义发达国家相比,我国现阶段仍处于"以物的依赖性为基础的人的独立性"亦即第二大社会形式中的发展中阶段。因而,坚持市场经济仍是未来发展的指导方向,需要不断提升生产力,为个人的全面发展不断创造重要的物质积累。但在发展过程中,既要清楚认识到拜物教性质在发展市场经济中的客观存在,也要通过社会主义制度的守正创新,防范拜物教观念的兴起与盛行。

特别是在数字技术广泛应用的背景下,在我国掀起的零售数字化转型热潮中,一方面,意味着需要不断吸收资本主义社会中流通社会化的

---

① 马克思,恩格斯.马克思恩格斯全集:第30卷[M].北京:人民出版社,1995:107-108.
② 谢莉娟,王晓东.数字化零售的政治经济学分析[J].马克思主义研究,2020(2):100-110.
③ 马克思,恩格斯.马克思恩格斯全集:第30卷[M].北京:人民出版社,1995:546-547.

丰富经验与成果，积极迎合数字经济浪潮，充分运用互联网、人工智能、云计算、大数据、物联网等数字技术，促进实体零售业的转型升级，全面提升流通效率，推动社会财富积累。并且，零售的数字化创新始终应以消费为导向，精准洞察需求，引导商品及服务的结构针对需求进行适应性调整，充分体现零售业满足人民美好需要的导向及其引导制造业创新发展、社会生产资源合理配置的内在潜能。

另一方面，也需坚持防范商品、货币或资本的拜物教观念的产生和盛行。具体来看，其一，不能因为零售商业在国民经济发展中日趋重要的作用而混淆商品价值创造与价值实现的关系，也绝对不能产生数字化能使纯粹流通费用直接创造更多价值的观念，并据此认为数字化营销等纯粹商业过程直接创造价值。数字化营销始终应以真实消费诉求和现实消费需要为导向，而不是简单地认为数字化营销能够决定消费。事实上，目前广泛存在的无孔不入的广告推送与营销试探，已经引起人们的警觉甚至是反感。因此，应始终牢记数字化零售创新也应建立在传递商品使用价值的基础上，目的在于不断丰富和创新商品的使用价值，切实服务于人民的美好生活需要，而不是陷入过度营销的数字化陷阱中。其二，在建设具备强大凝聚力和思想引导力的社会主义意识形态的基础上，更需要坚持基于社会主义市场经济体制对数字化零售进行合理化的制度重构，自觉防范零售的数字化创新基于资本逻辑而陷入盲目的扩张中。典型地，依托数字技术，通过国有经济成分与零售商业资本、互联网平台资本等流通资本的融合，以及对具备合作经济特征的供销合作社等流通组织形式的充分利用，国有企业特别是国有流通企业的市场竞争能力与盈利表现能够得到改善，在数字化零售创新过程中更好地发挥国有经济与集体经济的制度优势，规避资本逻辑下的内生缺陷。

二、规避科技异化风险

马克思很早就指出，机器的广泛应用在解放人的"双手"并提升生产效率的同时，也作为新的工具进一步为资本主义应用于延长工作日和提高劳动强度，不仅没有使劳动工人从资本主义生产方式的剥削中逃离出来，甚至变本加厉对劳动工人进行剥削与奴役①，这正是马克思结合机器的资本主义应用而指出的科学技术"异化"问题。事实上，随着资本主义社会由自由竞争时期逐渐发展到资本高度集中的垄断资本主义阶段，由资本家的主观意志进行的市场定价遮掩了商品价格背后的客观价值基础这一事实，超额利润由此得到长期固化。始终追求利益的资本家出于对利润的维护和保持，将作为生产引擎的科技当作其在全球范围内榨取剩余价值的工具②。

具体来看，首先，数字化零售表面上是在世界范围内引发了一场空前未有的流通领域的创新与变革，"人与货""人与人""货与货"之间在互联网等数字技术的支持下，充分实现了互联互通，商品流通也似乎由此几乎打破了一切时间和空间上的限制，甚至还催生了平台经济、社群经济、共享经济等新型的经济系统，在这些经济系统中，人文关

---

① 马克思. 资本论：第 1 卷 [M]. 北京：人民出版社，2018：508.
② 杜娟. 透视帝国主义在互联网时代的新变化 [J]. 马克思主义研究，2018（7）：52-59.

怀、协同理念和共享精神等思想理念似乎得到了充分的体现。但事实上，只要数字化零售创新是在生产资料的资本主义私有制条件下进行的，其本质上都是为资本在更大的空间范围内完成扩张与增殖而服务，只不过是以技术手段来提升流通效率、深化资本逻辑的一种新的表现形式。因此，这种数字化零售创新也难逃前述的科技异化问题，很有可能已经带来了对劳动剥削和奴役加剧的问题。典型地，在数字化零售平台的构建与发展中，传统资本主义生产中的包买商和计件工资的方式在"零工经济"这种新型劳资关系中再现，是资本弹性积累模式的最新发展①。再如，数字经济时代广泛兴起、在资本推波助澜下而兴盛的消费者参与产品研发与设计的定制生产模式，实际上是平台通过对普通用户的信息无偿占用和利用，使更多普通用户作为免费劳工被纳入资本的剥削体系中②。

其次，依托不断发展和深度应用的信息技术，生产工序、区段和环节不断进行着更为细致的拆分，形成了在多个国家进行的"产品内分工"格局，资本主义国家得以持续强化全球生产网络的分散化布局。表面上看，上述过程中的生产日益呈现出更为分散的特征，但实际上信息技术的资本主义应用使资本实现了对全球价值链分工体系更高程度的控制，其中，流通领域往往是将垄断价格作为杠杆而扩大资本剥削范围的集中领域。特别是在当前经济全球化与金融化的背景下，资本主义甚

① 谢富胜，吴越. 零工经济是一种劳资双赢的新型用工关系吗 [J]. 经济学家，2019 (6)：5 - 14.

② 刘皓琰. 信息产品与平台经济中的非雇佣剥削 [J]. 马克思主义研究，2019 (3)：67 - 75，160.

至呈现出新帝国主义特征，巨型跨国公司尽可能地集中控制技术和流通，霸权主义和贫富两极分化不断加剧。

再次，更应注意到，在数字化驱动的零售创新中，一方面广泛存在着垄断和技术之间的相互维护，即技术为垄断的持续提供了实现基础，反过来垄断企业为了保持自身地位，会进行持续的技术创新，垄断在一定程度上推动着技术进步；另一方面又包括了流通和技术的紧密结合，如前所述，技术为资本主义流通加大劳动剥削的程度与范围提供了有力的支持。正因如此，如果零售的数字化转型在资本主义逻辑下进行，特别是数字化零售模式被资本主义跨国企业所掌控，垄断的持续和剩余价值榨取的加剧也就会自然而然地发生。

最后，对于我国零售的数字化转型过程及其不断融入全球市场竞争而言，要摆脱发达资本主义国家中大型跨国集团的流通垄断威胁，未来可以有以下几种发展方向。

加快流通技术的创新，既可以以品牌制造商为主导，在生产和零售垂直一体管理的模式中实现，也可以以大型专业零售组织为主导，通过开发数字信息系统、人工智能项目等方式实现。必须清楚认识到，数字化零售作为新的契机，通过发挥流通技术创新的关键作用，能够实现基于技术创新和流通业强大而对全球生产网络的反向引导甚至一定程度的控制，从而有效应对资本主义在全球的垄断。而一旦在技术创新这条路上脱轨，那么我国企业将很难实现国际价值链分工体系中的高位目标，也将面临被低位锁定的窘境。

重视国内价值链分工效应，由于国际经济环境的不确定性日益增加，因此国内市场的发展更是重中之重。特别是 2020 年年初，新冠疫情的全球大暴发更应使我们认识到，要始终坚持以国内经济大循环为主体，并同时促进国内国际双循环的路径。其中，数字化零售创新则可以通过引导现代化流通体系的建设与区域经济的合理分工，加快国内统一市场进程，提升国内的市场规模与稳定性，以有效应对并逐渐打破西方发达国家基于全球价值链的打压困局。

充分发挥社会主义制度优势。其中，国有资本的力量需要得到充分重视与利用，以国有资本作为支持实体零售业增强技术研发能力和进行数字化基础设施建设的中坚力量。并且，要不断地培育和扶持具备自主创新能力与全球化经营视野的零售商业民族品牌，进而打破发达资本主义国家长期以来的垄断利润。此外，依托数字化技术，不断推进社会诚信体系建设并优化营商环境，规避技术与资本的过度捆绑，也防范科技成为私有资本进行过度信息掠夺的手段。

三、避免平台化垄断与数字化泡沫

在数字化推动的零售创新中，零售"平台"的构建与兴起逐渐成长为零售领域一股不可小觑的力量。在零售平台中，零售商的主要职能是为供需双方提供交易的空间或场所。区别于传统买进卖出式商业逻辑，经营零售平台的当事人不从事商品买卖，也并不会成为商品的直接所有者，而是向商品出售一方收取技术服务费用，旨在以数字平台促成生产商或者更广意义上的商品所有者与消费者直接见面，尽可能地去除其他中间流通环节，也因此获得了原先由批发环节应得的商业利润。反观数字化推动的零售"商业"创新，仍然是零售商预付货币资本、承担媒介供需职能，数字化融入的目的在于加快商品经营资本周转速度，保持并强化零售商业在流通渠道中的竞争地位。不难理解，数字化支持的零售"平台"的角色完全区别于数字化推动的零售"商业"创新，类似于我国零售业过去一段时期以来高度依赖的联营模式。

但无论是相比于数字化零售"商业"创新，还是传统的联营模式，数字化零售平台都具有更加强烈的数据聚合效应，这主要是由于在需求端规模经济和交叉网络效应的作用下，平台生态系统的构建会使供需双方的交易空间呈现出指数型扩张，并且互联网技术能够以接近于零的成本收集获取消费者的数据信息以推动数据的社会化运用，而数据的广泛应用又会进一步促进信息掠夺，导致"富者更富"甚至"赢家通吃"的两极分化现象在数字化零售创新中频发。因此，平台化垄断倾向在数字化零售平台中格外明显，也正因如此，如果数字化零售平台是在资本主义制度下运行的，那么其也难逃资本增殖的本性，并成为加剧资本主义垄断和剥削的新手段。此外，也应注意到，在数字化零售平台构建与快速扩张中发挥重要作用的金融资本也容易导致相关金融服务和金融平台的过度增长，甚至带来过度金融化以及数字化泡沫的隐患。

事实上，在我国现阶段的零售业的数字化转型浪潮中，已经出现了数字化零售较高程度地依赖于少数占据数据资源垄断优势的网络零售平台，并又反过来不断地增强平台垄断地位的现象，甚至以自营为起点的零售电商也表现出越来越明显的平台化转型趋势。因此，对于我国的数字化零售创新，除了要重视数字技术对于精准洞察消费需求、提升零售企业自主经营能力的重要作用，未来更应注意数字化基础设施的建设和社会主义现代商业文明的构建，应当防范零售平台被私有资本和金融资本过度控制的可能，及时发现并消除日益兴起的平台化趋势暗含的风险与隐患。

03

案例篇

第五章

互联网自有品牌零售机制与品牌生态：韩都衣舍

　　正如本书理论篇所指出的，数字化零售的成功机理从本质上而言，是在数字技术变革和应用下，驱动零售活动更好地发挥其匹配或媒介供需的固有职能。这一供需更好地匹配的过程，在社会再生产大循环中，还会进一步体现为以数字化零售为纽带，形成由零售到制造、以流通引领"生产适应需求而变"的联动机制。本章将要分析的自有品牌零售模式，就是企业实践中对这一机制的生动展现。对于零售商而言，自有品牌并不是一个新概念，一般来说是指零售商在市场分析基础上自行负责从产品设计、采购与生产组织、仓储运输到营销管理完整过程的独立品牌。理论上，自有品牌使零售商突破了商品一买一卖的传统渠道视角，主导从需求识别、产品设计再到生产联动、商品销售和商情信息反馈的供应链全过程。自有品牌零售不仅是提升零售商效率的重要方向，也高度契合数字化零售的特征。然而在早期的实践中，零售自有品牌常常以低价甚至低质为特征，表现为制造商产品的模仿者或趋势追随者，在供应链关系上也表现为简单的代工关系，零售商与生产制造过程的联系并不紧密。自有品牌的价值更多来自零售企业自身的口碑效应。然而数字技术的发展突破了这一困境，更促成"零售商自有品牌"向"自有品牌零售商"的转变。前者中的自有品牌只是零售商买卖业务的补充，而后者则是零售商依托数字技术实现产销关系的重构和消费社群的虚拟集聚，意味着包括零售在内的供应链的根本变革。在涌现出的众多自有品牌零售商中，韩都衣舍电子商务集团股份有限公司（下称"韩都衣舍"）是一个极其典型的实践案例。

韩都衣舍于 2006 年创立于山东济南，在短短十多年间从主营韩国服饰代购的淘宝小卖家迅速发展成为全国最大的互联网品牌生态运营集团之一。2008 年韩都衣舍推出了其第一个韩风自有品牌 HSTYLE，标志着其开始正式探索互联网自有品牌零售。之后的十余年间，韩都衣舍实现了营业收入的快速增长，并通过内部孵化、外部收购、合资开发等方式进一步形成 20 多个服饰子品牌，覆盖了包括男装、女装、童装、中老年服装等多品类和多风格。2019 年"双 11"期间，韩都衣舍全网交易额达到了 4.7 亿，连续六年获得了互联网服饰品牌的冠军。截至 2020 年 10 月，其天猫旗舰店的粉丝数量突破 2400 万。在此过程中，韩都衣舍还实现了"品牌商"向"品牌商＋服务商"的角色转型。2016 年韩都衣舍成立了全资子公司——山东韩都动力电子商务有限公司（下称"韩都动力"），并建成智汇蓝海互联网品牌孵化基地，通过全面开放内部生态系统，以品牌合作、代运营及孵化的方式，加速向互联网品牌生态运营商的转型。时至今日，韩都衣舍合作的品牌数量已近千个，成为我国数字化零售转型的典型实践案例。

2017 年 5 月以来，作者对案例企业展开了持续的追踪调研。其中，2017 年 5 月和 2018 年 11 月，对企业管理者进行了两次集中的半结构式访谈。访谈对象包括集团创始人兼董事长、高级合伙人兼副总经理等最高管理层，也包括生产中心、信息中心、企划部、韩都动力、储运中心等部门负责人，以及娜娜日记、米妮哈鲁、迪葵纳等品牌创始人，共计13人，访谈时长近700分钟，形成有效录音文本16万余字。此外，作者还阅读并收集了大量二手资料，并持续跟踪企业最新情况，在后期开发并撰写系列相关案例的过程中，对案例数据进行了持续补充与修正。这些共同支撑了本章的案例分析。①

第一节　从海外代购到自有品牌服装零售

在成立的初期，韩都衣舍定位为韩风时尚的引入者。彼时，销售韩国服饰的企业不在少数，但大多前往韩国进货，进而通过实体渠道销售给商家或消费者。韩都衣舍则借着电子商务初兴的东风，选择了另一种形式，以互联网企业的身份组织商业活动。员工在韩国服饰类网站寻找可能流行的品牌及产品，并在淘宝网站售卖；客户下单后，韩都衣舍再向韩国网站下单购买。与传统实体零售相比，这种转变似乎微不足道，却暗含着电子商务基于虚拟交易空间对传统时空边界的突破，也成为韩都衣舍日后蓬勃发展的滥觞：从事电子商务的企业不仅连接到了更多的消费者，也能整合更多供应商，即以"场"的形式突破进而在更大层

---

① 　需要向读者说明的是，本章涉及的数据信息或为企业公开发布，或为作者在前期合作中征得企业授权、允许发布的内容。而本章涉及的理论思考，则仅代表作者个人观点，不代表企业观点。

面连接"人"与"货"。

这种模式迎合了当时市场中的"韩流"趋势，并帮助企业迅速占据市场。然而随着规模增加，代购周期过长等问题也随之而来，甚至成为企业发展的瓶颈。平均而言，一个订单加上国际物流等环节最终完成要耗时 10~15 天；而且由于退换货同样要经历这样一个周期，成本更是高昂。此外，由于国内顾客购买与韩国网站下单之间存在着明显的时间差，时装行业本身库存变动又很快，因此缺、断货的频率也很高。究其本质，代购模式只是将线下传统零售的商品买卖这一商业行为在线上渠道复制，依然面临着线下情境中常见的供需错配、成本上升、效率损失等矛盾。随着规模的扩大，这种矛盾越发凸显，代购也逐渐难以推动企业效率的进一步提升和促进企业的进一步发展。

那么应当如何打破这种困局呢？传统零售与互联网零售的需求都自有其特点，依据互联网零售的需求特点，建立与之相匹配的模式或许是破局之道。在传统线下零售中，"先买后卖""为卖而买""贱买贵卖"是其典型特征。因此，商品采购与售卖的规模经济性是传统采买型中间商的主要利润来源。而这种规模经济在很大程度上依赖于较为稳定的或较为同质化的市场需求。与之对比，互联网需求特征出现了颠覆性变化，引发了互联网产销逻辑的根本变革。作为一种广泛连接不同群体的中介技术，互联网以低成本开放为多元化群体提供交互渠道。数字字节取代了传统零售的货架展示，产品展示空间日益拓展，展示形式更为多样。同时顾客与企业之间可依托社交媒体进行双向互动，大大提升了企业对消费需求的动态感知能力。不同于传统商业模式所聚焦的能够大规模售卖的"明星产品"，网络零售中的消费者对于长尾商品的搜索和购买欲望都得到"爆炸式"放大，甚至产生了具有极端异质性的"千人千面"的个性化需求。上述区别被韩都衣舍的创始人兼董事长赵迎光形象地总结为一个"酸辣土豆丝"的比喻：

这就好像一盘"酸辣土豆丝"，在传统的线下店里，你去一家店就可能只有一种选择，但是在线上就完全不同了，酸可以有100种酸，辣也可以有100种辣，甚至是土豆丝老的程度也可以有100种，这样你就可以有成千上万种选择。那么我们在给用户匹配的时候，当然是选择对于用户来说体验最好的。

理解了传统零售与互联网零售的需求区别，韩都衣舍很快发现代购的本质问题在于试图以传统零售模式满足互联网消费需求。互联网中的个性化需求意味着需求零散且动态不确定性大大增加，代购这一模式非但无法获取规模经济效益，反而面临着更高的商品滞销与库存积压等市场风险。

发现了问题的原因，韩都衣舍随之开始思考转型发展的可能。赵迎光逐渐意识到，网购的"淘便宜"时代很快就会过去，未来的电子商务应当是优质品牌的天下。互联网需求的变化不仅涉及零售企业，也卷入了包括制造企业等在内的供应链的全部企业，并最终体现为供应链模式的根本变革。在传统工业经济时代，由于需求的同质化、标准化程度更高，生产的技术限制更为明显，因此厂商大都追求规模经济性，长尾需求一直被归为一种"闲置资源"。在这一背景下，以上游生产为主导的推式供应链占据主流地位，渠道终端的零售商主动性有限，往往仅发挥部分的商情信息反馈职能。在我国零售业长期的普遍联营模式、商品经营过程不断与联营卖场分离的现实背景下，零售商的这一信息反馈职能进一步受到了制约。而随着需求特征的变化和产品生命周期的缩短，推动式供应链的市场误配成本提升，以真实需求（而不是基于需求长期预测）为主导的商业模式逐渐取代了以生产为主导的商业模式。由此，供应链也带有了拉动式特征。互联网个性化与碎片化的需求则进一步将市场误配成本推向了高位，从而更为极致的拉式供应链成为互联网时代供应链的典型。具体到自身，韩都衣舍发现，自有品牌是适应这一趋势的可行方式。一方面，自有品牌开发以需求识别为起点，而韩都衣舍处在渠道终端，拥有与消费者直接互动并收集一手数据的天然优势，能及时把握需求特征变化；另一方面，自有品牌开发还需要对上游生产制造环节进行联动、指导，韩都衣舍多年代购经验使其对产品设计、潮流风向等都有了较好的把握，在此基础上独立进行产品设计并指导厂商生产也是水到渠成。

　　2008 年，韩都衣舍推出了第一个韩风自有品牌 HSTYLE，并通过此前代购中对于服饰设计的经验积累和互联网对消费数据的汇集、分析，开始大量开发并快速更新服装款式，在款式、质地、风格等多方位尽可能满足消费者的个性需求。时至今日，韩都衣舍已能达到每天上新近百款，每年上线 3 万多款产品，远远超过国内外同类企业。与这种快速迭代的自有品牌模式相适应的，亦有韩都衣舍独特的组织结构变革，即闻名的"小组制"。在这种组织结构下，每一单品的运营均由一个 3 ~ 5人组成的产品小组负责。各小组都可以依据对市场潮流、产品需求的信息收集及分析判断，自行决定并完成包括产品选款、款式设计、信息发布、需求预测及库存深度预估等在内的一系列工作，这些工作覆盖了从设计到销售的全部环节。由此，产品小组形成了自我激励，而且能够通过更为灵活、频繁的产品开发适应消费个性化需求。在此基础上，韩都衣舍还组建了稳固的后端支撑部门，将一些标准化的活动，如生产、财务、信息技术支持等统一安排，从而发挥规模经济性和范围经济性，并能统筹小组之间的竞争关系和资源分配。

第二节　互联网 C2B 零售流程与柔性供应链

为了进一步适应互联网长尾需求所形成的众多细分市场，韩都衣舍将自有品牌开发的思路进一步延伸应用到了消费社群拓展。原先地理上分散、交互程度有限的消费者可以通过互联网尤其是移动互联网的连接而会集在一起，消费者之间信息交流的广度和深度极大提升，持续交互进一步形成韩都衣舍强调的"小而美的市场"。这也可以被理解为根据消费偏好自发连接形成了更为细化的产品网络"社群"，成为可供企业利用的关键市场资源，甚至是互联网时代商业模式最主要的竞争优势。

基于社群的扩张成为韩都衣舍扩张的主要方式。传统零售大多通过连锁的形式实现扩张与规模增长，但韩都衣舍作为纯粹的互联网企业，传统的连锁化方式对其意义较为有限。正如赵迎光所说，"在互联网上，几家甚至一家旗舰店就足够覆盖大部分市场，不用像线下一样，要频繁开店，而且线上开店过多还可能会造成流量的过度分散"。然而由于一个自有品牌往往瞄准一个细分市场，"因此我们可以通过不断地自有品牌开发去覆盖更多的市场"。2012 年以来，韩都衣舍投入了大量的资源，通过内部孵化的方式进行多品牌开发，产品小组不仅扮演着产品运营者的角色，更发挥着品牌创造的功能。当产品小组运营成熟，小组成员拥有一定的市场敏感度和运营能力时，韩都衣舍鼓励其发现未被开发的细分市场并独立于原有品牌形成新的品牌。韩都衣舍为其提供资源支持，并在品牌发展初期执行更为宽松的绩效考核策略。而且为了应对企业内部由于资源、经验等对扩张范围的限制，特别是小组孵化而成的品牌多集中于少女装、淑女装的情况，韩都衣舍还通过外部收购、合作开发的方式补充形成了更多品牌。例如2014年正式上线的韩风妈妈装品牌"迪葵纳"，就是韩都衣舍通过收购签约而形成的。韩都衣舍已经拥有面向不同消费人群，涵盖韩风、街头风格、田园风格、户外风格等各种风格的子品牌20多个，包括韩风男装品牌AMH、快时尚童装品牌MiniZaru、少女装娜娜日记，等等。

伴随品牌数量的增多，许多问题也逐渐浮现。一方面，从供给的角度来看，单个品牌市场容量有限，后端供应链的组织成本也相对较高；另一方面，从需求的角度来看，由于不同品牌间的异质性需求的叠加，企业所要应对的需求动态性、不确定性乃至品牌关系协调上也更为复杂。如何有效率地推动品牌扩张，实现自有品牌服装零售的进一步发展，成为韩都衣舍当时最重要的战略问题。而韩都衣舍找到的解决方案中，关键的一点在于利用互联网大数据特征和数字化驱动构建起C2B零售流程，并推动柔性供应链重构。

快时尚服装是典型的创新型产品，具备生命周期短、产品种类多、需求不稳定等特征，与传统零售基于对消费者需求长期预测进行提前判断的模式有所不同。为减轻设计师预判流行趋势的压力，韩都衣舍充分利用了互联网的大数据商情信息特征。在网络零售中，零售企业不仅能够获得消费者的实际购买数据，更能收集商品搜索、加购、浏览轨迹和消费历史等多维度的丰富数据。在数据形式上，不仅获取了更多传统的结构化数据，还能获得诸如文本、图像等非结构化数据。基于这些数据，韩都衣舍提取了极具价值的消费市场洞察，正如企业所说，"通过对数据的分析，我们能更为清晰地知道这个客户是谁以及他的行为标签，我们对于行业的预测才会越来越准"。数据是前端产品小组开发产品时最为核心的依据，产品开发与消费需求的契合程度不断提升，品牌之间的需求重合大大减少，甚至形成清晰的"人格化"定位区分，即"每个品牌都是清晰代表一类消费人群，因此品牌之间不会竞争，品牌是最大的隔离"。

这些基于大数据的需求分析与消费者画像，在具体落地与实际执行层面体现为韩都衣舍开发的独特的"爆旺平滞"产品动态排名体系。这套体系建立在韩都衣舍对于商品经营逻辑长期积累的基础上，以实际销售过程中的库存周转率、销售量、库存深度、购物页面停留时间等26项指标为核心，通过一定的算法加权，基于互联网大数据对产品的流行程度进行迅速判断，将其依次划分为"爆款""旺款""平款""滞款"四类。为了应对高度动态化的需求，韩都衣舍的产品通常采用"小单快返"的生产销售模式，即单品首单一般只生产300～500件，而后根据"爆旺平滞"算法，迅速判断产品的流行程度，对"爆款"与"旺款"追加生产，对"平款"与"滞款"打折促销或清仓处理。与此同时，这一评价体系在协调韩都衣舍内部小组间竞争关系也发挥重要作用。典型地，将哪些产品放在有限的电商平台促销页面空间中？哪些产品要放在更为醒目的位置？在后端的库存运输管理上，哪些产品放置在更为方便的拣货位置上？各种产能和预算等资源如何在各小组间平衡？如此种种，都要依靠"爆旺平滞"的分析结果。

韩都衣舍还会根据应用场景和业务需求的不同，对这一体系进行指标和权重的动态调整。例如，有些商品虽然在生产环节会被判定为"爆款"从而迅速组织返单生产，但在销售上可能并不依赖于促销环节。因此，在决定将哪些产品放置在促销页面醒目位置的时候，这一排名体系也会进行指标权重的调整。一些商品虽然销售额并不是最为突出，在生产环节也未被判定为"爆款"，然而对其进行促销可能实现更高、更为明显的销售额增长，会被判定为促销资源分配这一决策情境中的"爆款"。总的来说，韩都衣舍通过"爆旺平滞"真正实现了从真实消费需求出发，通过数据的即时利用与快速反馈，构建起了互联网C2B服装零售流程。在效率结果上，表现为韩都衣舍的库存压力大大减少，商品滞销所带来的现金流压力等也得到极大缓解。其当季售罄率达到95%以上，处于行业领先地位。

韩都衣舍通过互联网C2B服装零售流程实现了对前端需求响应，但与此同时，后端生产供应的协同也是这一过程能够最终高效完成的关键。一般而言，与快时尚服饰这类创新型产品相适应，在组织供应链时首先要考虑的就是如何降低供需不匹配带来的潜在市场风险及成本，这就需要供应链具备以快速适应需求变化为核心的反应型特征。为了适应前端需求的快速变化，韩都衣舍的供应链必然需要包含反应型特征。然而以速度和供需匹配为目标的反应型供应链在采购、生产、装配、运输等成本上有所牺牲，难以实现规模经济性。韩都衣舍为了使供应链跟上互联网节奏，势必面临着供应链反应速度与采购生产等物理成本的两难与权衡。以信息系统搭建数字化驱动能力成为韩都衣舍实践中一个有效的破局之道。这一简洁明了的总结对韩都衣舍而言却是信息系统建立中近10年的艰辛曲折。

在创立和发展的初期，与大多数企业相同，韩都衣舍采取了第三方购入的标准化信息系统，这种方式虽然技术上更为简单，投入也更为可控，但随着韩都衣舍的发展也暴露出诸多问题。例如标准化的系统逻辑与理念难以有效适应韩都衣舍独特的互联网C2B销售模式；此外，随着体量的增加，库存管理等功能的处理效率也逐渐难以适应实际需要。这些问题在2012年的"双11"前后集中爆发。活动前的需求分析与预测，活动期间的产品发布、优惠规则，活动后的发货、补货、退货、追加生产等各个环节都面临着前所未有的压力。2012年"双11"当日，韩都衣舍的销量超过了2亿元，位列当时女装类目第一位，服饰类目第二位。与销量增长的喜悦相伴的是发货和补货上频频出现的问题。韩都衣舍将大部分商品存放于备货仓中，少部分存放于作业仓中。在日常情况下，消费者订单下达后，员工会将作业仓中的服装打包送出，一旦作业仓库存不足，则通过备货仓集中批量补货至作业仓。然而"双11"期间，由于消费者的订单数量急剧增多，每一个订单都可能由许多单品组成，一旦多个订单同时到达而某一商品作业仓缺货情况时，整笔订单都无法发出。在前序订单无法发出的情况下，其他商品又占用了作业仓空间，使得缺货商品迟迟难以补货，这又反过来导致了后续订单的积压。当时的信息系统无法协调处理这一情况，只能借助人工手段进行，不仅是库存的工作人员，连产品小组的员工也被抽调协助，从上到下各个员工都疲于奔命，而且由于效率较低，影响了消费者的满意程度。

实际上，无论是早期所强调的 IT 战略，还是如今所关注的企业数字化战略，都需要实现技术与企业业务逻辑和整体流程的内在"一致性"。而且相较于早期更为强调的技术对商业模式的"支持"作用，在数字经济时代，要实现企业的可持续发展，更需要及时"进化"到技术与商业模式全面"融合"的深入阶段。韩都衣舍在"双 11"面临的窘境正是信息系统与商业模式难以有效融合的缩影。以此为导火索，韩都衣舍开始考虑进行信息化能力的升级。鉴于当时国内的技术条件与各种背景，外包或采购都很难实现满意的定制化，更遑论与商业模式的全面融合，于是赵迎光下定决心自主开发信息系统。为了最大化保证新的信息系统能够适应韩都衣舍实际经营的需要，开发过程中不仅以 IT 中心为核心组织了多次需求评审会，而且还成立了信息化领导小组，成员包括 IT 负责人赵洪亮和统筹企业所有品牌、产品资源调度的企划部总监王思远。结合需求评审会，信息化领导小组进行了需求方向的详细讨论、规划等，并直接向董事长赵迎光汇报。在这一段时间内，信息系统的自主开发及其在企业内外部的有效嵌入是韩都衣舍最为核心的战略之一。经过了一段艰辛的探索，从订单管理系统（OMS）与库存管理系统（WMS）开始，2014 年韩都衣舍陆续完成了信息系统的开发与整合，并正式投入使用。

韩都衣舍通过信息系统的重大改进，实现了由互联网零售到依托互联网的数字化零售的重要变革，并最终形成了以零售驱动的生产机制的适应性重构，破解了供应链反应速度与采购生产等物理成本的两难困境。这体现在两个方面。首先，信息系统进一步开发了大数据的价值，使韩都衣舍商业活动的市场匹配效率明显提高。对于企业而言，从"更多的数据"向"更好的数据"跨越本身并不是一件容易的事，虽然互联网产生了海量数据，可潜在地成为可供企业利用的新资本，然而如何真正将数据转化为生产要素则是更为复杂的问题。其中，最为核心的就是数据量快速膨胀，使其迅速超过了传统决策范式和方法的处理边界。对此，韩都衣舍选择了以大数据分析技术和数据算法建构取代人的经验判断，作为决策的重要依据。与之相关的信息系统包括主数据管理系统，实现底层数据的全面清洗、管理与协调；商务智能系统，实现更为全面彻底的数据分析与商务智能；业务运营系统，对原先主要依靠Excel为手段的"爆旺平滞"实现了自动化的算法改造。企业对此总结道：

"爆旺平滞"原先是靠人去算，但后来就发现变得很困难，而且人总是会有出错的概率，但是信息系统就不会，所以我们就用IT系统来提高效率。任何一款商品，会通过这个系统进行一个判断。在营销端确定推新、广告费分配，在生产端确定哪些款要匹配什么样的工厂、什么样的业务员，在企划、营销和产品端共同确定到底哪些应该清仓，补货也可以通过这个系统关联起来。

经过这一改造后，韩都衣舍甚至可以在产品上市短短一周内就完成相应的市场判断，从而回答了"为谁生产""生产什么"等问题，在传统模式难以决策的市场洞察、产品选择问题上获得了更高的决策效率。简而言之，韩都衣舍通过互联网大数据的收集、储备与沉淀，数据分析广度不断提升；通过信息系统的数字化管理则使数据整理、分析得到优化，数据分析深度不断加强。

其次，信息系统还实现了上游生产机制的柔性化重构，在保证生产端反应型特征的同时实现了成本控制。韩都衣舍通过"优质产源地计划"与"类目专供"统筹组织优质生产资源，实现了互联网对产业资源的虚拟集聚和信息系统的全面接入。在"优质产源地计划"中，韩都衣舍通过互联网在全国范围内寻找技术、原料及相应产业配套最为齐全的产业集聚地，并从中挑选出服饰加工制造集聚、配套资源丰富且成本可控的"优质生产地"，进而选择最为匹配企业需求的优势企业，将其作为核心供应商。该计划能够在对接更多优质生产资源的同时，提高订单的生产速度，减少不同面料、技术等之间的协调时间与成本。在"类目专供"中，韩都衣舍通过信息系统支持订单资源集中配置，汇聚相似订单并统一安排上游生产线，最大限度地强化生产的规模经济性。与此同时，通过供应链管理系统加强供应商管理，如企业所述，"所有的供应商都要在我们的系统上报备他们以及他们周围地区的产能信息，一般来说，产能报备的更新时间最迟不会超过一周，每家供应商都有自己的系统账户，都是定时反馈产能信息变更。我们可以看到他的工作量、交期、质量标准、报价信息，实时掌握，实时调整"。由此，韩都衣舍能够清晰地知道在关键的生产节点上谁最适合承接特定的生产订单。而对于上游企业而言，也能通过韩都衣舍及时反馈的终端真实需求和销售等信息，提前预留产能并迅速组织生产。通过类目专供，韩都衣舍不仅在生产的速度和精度上都得到了极大突破，而且能通过全程可视化，提升了产品生产的品质稳定性。

借助信息系统的迭代应用，韩都衣舍逐步实现了数字化零售的全面改造，并以零售为主导，围绕消费需求重构柔性供应链。韩都衣舍并未止步于此，如今企业还在进一步探索机器学习、人工智能等先进数字技术的更多应用可能。例如，2018年由韩都衣舍数据智能部与信息中心联合研发出的"智子"人工智能流行趋势预测项目，已经能在大型平台活动一个月前就对商品销量进行精准预测，成为企业产品规划新的重要手段。回顾信息系统建立的过程，韩都衣舍总结道：

互联网天生是大数据，而IT实现了大数据的价值。我们希望把数据的消费者由人变成系统，价值不是数据本身，而是用算法来驱动智能。大数据是燃料，但算法是发动机。没有算法，人就要拍脑袋，这样进步就很慢，但有了算法，算法会反推你的算法去优化，才能实现不断的精细化进步。

第三节　品牌商到互联网品牌生态集团的"再进化"

随着互联网品牌运营的经验不断拓宽，韩都衣舍对于互联网流量碎片化的认识也不断加深。韩都衣舍高级合伙人兼副总经理胡近东就多次说道："从我们经营中的实际数据来看，个性化消费在互联网上是越来越明显的，甚至能达到互联网是一人一面的。"即便是最为大众的品牌，其流量也可以在很多层面上被瓦解，因此聚焦于消费社群拓展的品牌思路必然是未来商业模式的主流趋势之一。韩都衣舍在服装品类上已经积极进行了类似实践，借由社群与品牌实现规模扩张，但对于其他品类而言，韩都衣舍却很难完全由自己拥有或孵化这些"小而美"的品牌。如何在更多的品类上实现消费社群拓展？韩都衣舍长期在内部品牌上的成功孵化与赋能经验，启发了其思考新的发展空间：既然能把自己做好，是否也能够依靠类似的方式帮助别人做好？

韩都衣舍开始思考这一思路是否符合网上零售的趋势规律。在网上零售中广泛存在着品牌前端运营与后端资源驱动、线上运营与线下运营、平台与依托平台成长的大量品牌主体这三对关键的市场矛盾。

首先，在品牌前端运营与后端资源驱动的矛盾上，不同于以往更为强调标准化的品牌，互联网的需求特征使得品牌的受众群体通常规模较小，品牌运营的关键即在于给这部分群体最好的消费体验。即便是如今最为流行的品牌，也被观察到需要以更丰富的产品线来应对更异质的社群需求。然而在这一过程背后，往往由于绝对体量较小，难以形成规模经济，也就无法驱动优质的供应资源，面临着成本和效率的天然矛盾，所谓"互联网天生是小而美的，但小而美也天然无法驱动优质资源"，在实践中就表现为许多品牌经营难度极大甚至迅速失败。

其次，在线上运营与线下运营的矛盾上，线上与线下存在着商业运营的多种不同。线下渠道往往更加强调"所见即所得"的购物即时性和服务体验等优势，而线上则更为强调便捷性、多元化等方面的需求，"线上与线下的逻辑打法、思维方式、研发方式、货品准备方式、节奏感等完全不一样，在很多时候甚至是相冲的"，这就需要互联网运营经验的快速获取与补充。

最后，平台与依托平台成长的大量品牌主体的矛盾则主要来自平台逻辑与品牌逻辑之间的差异性。在长期与阿里巴巴等大型电商平台合作的过程中，韩都衣舍发现，电商平台一般通过流量、转化率与客单价三个途径提高 GMV（成交总额）。在大多数情况下，平台通过搭建用户网络能够很好地将更多流量引入平台内部，并通过技术上的优势借由大数据向消费者精准推介商品。但是否能促成交易，并提升每一笔交易的价值，很大程度上还是要依赖于优质品牌商和优质产品。胡近东对此比喻道："平台就是一个集市，它能把消费者聚集过来，但这之后的事，则要靠众多品牌商自己解决。就好比盖一栋楼一样，平台能够通过提供支付金融手段支持、小二服务等方式打牢地基，实现'五通一平'，但是具体要盖什么样的楼，外部怎么设计，内部如何装修，这不是平台能干的，也不是平台应该做的。"虽然平台提供了通用化的数字服务，甚至数字化赋能帮助培育优质电商，但平台化本身是联营制在互联网情境中的延伸，难以将数据与更为具体的业务逻辑相结合，更难以将服务与每一家企业的不同情况相结合。

经过上述反思，韩都衣舍初步认可了"基于自身品牌运营经验，为其他品牌提供代运营服务"这一思路的可行性。事实上，随着韩都衣舍的子品牌取得了一个又一个的成功，此前已经有一些电商企业或想涉足电商领域的企业找到韩都衣舍希望进行合作。2014 年开始，韩都衣舍决定成立代运营事业部，初步联合了少数品牌展开代运营服务；2015 年代运营事业部又更名为战略合作部，对外开放了品牌创意与设计系统、营销系统、IT 系统、中央储运系统、客服系统、柔性供应链系统、专业集成服务系统等多个系统，将代运营升级为基于品牌的更为深度的全面合作。2016 年将战略合作部进一步升级为全资子公司——山东韩都动力电子商务有限公司（以下简称"韩都动力"）。

从具体实践来看，韩都动力的服务对象主要是希望开拓线上市场的国内品牌以及希望开拓中国国内市场的国际品牌。因此，利用互联网对空间限制的突破，韩都动力进行了"隔空孵化"。即通过为每一个代运营品牌组建小团队，前端直接由小组接入店铺运营，后端则完全导入韩都衣舍的支撑系统和供应链逻辑，通过开放韩都制造、韩都视觉、韩都培训、韩都储运、韩都智能、韩都客服、韩都企划、韩都营销、韩都PR 九大生态支撑系统，为合作品牌提供包括渠道化定制服务、客服托管、官网搭建、数字化精准营销、仓储物流、品牌定位、品牌策划、信息化服务、柔性供应链等在内的全程孵化赋能服务。这一原理事实上与韩都衣舍内部的自有品牌发展原理极其相近。虽然提供了诸多服务，韩都衣舍仍然希望品牌保留他们最核心的竞争力，尤其是品牌团队要更加注重理解顾客需求并专注于产品设计。需要说明的是，韩都动力所提供的并不是简单的服务外包，而是通过服务最终实现品牌的生长。在韩都动力的合作历史上，有部分品牌在短暂合作取得不错成效后，便试图在学习到表面上的一些方式手段后进行独立运作，结果往往不尽如人意。胡近东就对此解释道："重要的不是明面的玩法，后台的玩法才是根本。店铺是个集大成者，位于市场的前端，但实际上牵动着的是背后整个系统的运转和协同。真正的赋能不是简单地进行前端代运营，而是以后端的支撑实现升级和改造。"相较于各种表面或者营销手段的创新，尤其是伴随着数字化零售实践推进所广泛催生的各种新现象、新体验、新技术，"创新"行为更加纷繁复杂，韩都衣舍的实践再次证实了应当从"表面创新"中解放出来，在营销手段背后的完整的商业逻辑和机制支撑才是核心问题。

在挑选韩都动力的合作伙伴上，韩都衣舍有其自己的一套标准。胡近东认为，"除了品牌自身的产品研发能力、经营状况、经营绩效等这些比较常见的方面和考核之外，是否具有互联网思维才是韩都动力最为看重的因素"。韩都衣舍认为，其内部品牌成功运营的关键要素在于坚固的支撑系统、完善的供应链底层逻辑并带来了品牌运营整体重构，这也是互联网思维的核心内涵。如果合作伙伴不能充分把握这一思维，很难与韩都动力形成长久、稳定、有效的合作。

代运营的主要思路是通过韩都衣舍赋能新的品牌，那么能否进一步拓展这一模式同时实现对韩都衣舍的反哺呢？彼时，韩都衣舍面临的一个主要问题在于人才短缺，而通过其他渠道获取外部人才难度大，培训周期长，很难跟上互联网的节奏。代运营的思路和初步探索给了韩都衣舍启发，传统代运营所瞄准的往往是已经具备一定成长规模的企业，但在互联网时代还有越来越多初创的品牌企业出现。一方面，创业项目本身会聚了很多专业化且极具潜力的人才，若韩都衣舍为这些创业企业提供服务，对于其中与韩都衣舍关系较为密切、成效较好的项目，可以通过收购投资等手段将其纳入韩都衣舍的战略版图；另一方面，有些创业项目虽然失败，团队中的优秀成员仍然可以被韩都衣舍吸收。考虑到这些企业在需求上与那些初具规模的企业有很大不同，韩都衣舍目前这套完善的内部支撑系统和供应链体系可能与它们并不十分匹配，韩都衣舍考虑提供一个孵化基地来帮助这些企业进行创新。2016 年，韩都衣舍·智汇蓝海互联网品牌孵化基地也正式在济南完成揭牌、开业，至此韩都衣舍的品牌生态正式成型。

与韩都动力的"隔空孵化"不同，智汇蓝海表现为直接将创业企业或创业团队引入孵化基地内部的"场内孵化"特征，也更为清晰地表现出共同演进、正向反馈、带有公益性色彩的商业生态特征。与韩都动力相比，在这一模式中，韩都衣舍并不直接参与品牌业务运营，而是在提供一些支撑系统和支撑服务的同时，提供培训、指导和经验交流。智汇蓝海还引入各种不同的生态资源。例如引入各种金融机构、投资机构、媒体传播机构等形成丰富的创业服务资源；再如通过集中与政府部门对接，政府以创客听政等方式主动送政策上门，创业企业也能实现对政府针对性优惠政策的集成共享；又如，以联合招聘、人员充分流动等形式实现的人才资源的整合。

在韩都衣舍提供的服务之外，基地内部不同企业还具有合作共生、战略联盟的更多可能性。在智汇蓝海内不同的创业企业一开始就有明确的发展目标和业务范围，其中既有商品销售的企业，亦有提供服务的企业，还有技术提供商等。这些企业本身规模体量小而且缺乏市场竞争基础，一般情况下在寻找客户时必然面临着很大的困难。而在孵化基地内部，这些初创企业间就可以相互服务、相互购买业务，从而优势互补，合作共生。韩都衣舍本身也会参与到这些企业的合作中。以作为孵化和运营网红的红透社为例，它不仅为许多基地内其他品牌提供网红推广服务，而且由于韩都衣舍本身也有电商网红的需求，红透社也为韩都衣舍提供许多深度服务。此外，韩都衣舍也会向基地内一些具有潜力和特色的个性化摄影工作室购买服务。这种合作共生的方式在不同品牌群建立起更多的正面联系，发挥了积极的溢出效应。

韩都衣舍将这种以韩都动力和智汇蓝海为两个主要承接平台，进而构建的品牌生态阶段称之为"二级生态"运营模式。在韩都衣舍看来，阿里巴巴、京东等是会集消费者的"一级平台"，而众多品牌商则是满足消费需求、促进真实交易行为发生的基础。"二级生态"处于"一级平台"与品牌商之间，帮助品牌商高质量完成其活动。韩都衣舍通过品牌生态的构建实现了进一步的扩张，也实现了合作品牌群、孵化品牌群与内部自有品牌群之间共同成长。这种形式在韩都衣舍互联网自有品牌零售机制中的独特作用体现在以下两个方面。

首先，是基于交叉网络效应而实现的供应链升级。交叉网络效应体现为前端品牌与后端生产的良性互动，通过前端品牌的集中汇聚，以韩都衣舍为主导，在后端打通更多优质供应链资源、实现规模化生产，最终使得供应链整体在提升柔性化程度等方面得到了持续进步。从后端生产的角度，如今韩都衣舍不断向着供应链更上游延伸，将生产能力覆盖到更为上游的原材料供应等环节，降低了生产成本，也提高了供应的稳定性、及时性。后端生产整合能力的提升使得韩都动力与智汇蓝海能够更好地为企业提供服务，也吸引了更多品牌加入。从前端品牌的角度，当越来越多的品牌与韩都衣舍形成合作后，韩都衣舍也进一步探索了更多新型生产模式。在过去，"多款少量、小单快返"一直是韩都衣舍成功的法宝。在品牌合作过程中，许多品牌也采用了这一模式。随着品牌合作的增加与深入，韩都衣舍积累了更多市场数据，通过对数据的精确分析和品牌影响力判断，韩都衣舍对符合市场潮流的单品尝试采取"少款中量"的生产模式，即提高首单量，实现更大范围的规模经济。合作的品牌数量越多，韩都衣舍对需求与流行的预判就更为准确，从而在后端就能以更低的成本进行生产。这种交叉网络效应是原先以 C2C或 B2C 为主的双边市场在供应链管理中的延伸，韩都衣舍作为平台企业，带动了前端品牌与后端生产的良性互动，并最终形成了更为全面且强大的供应链系统平台，实现了前端运营到后端生产供应的全产业链打通。也正是因为如此，在 2017 年 5 月天猫智慧供应链平台开放日的论坛上，S2B（Supply chain platform To Business）商业模式的概念一经提出，韩都衣舍就很快被贴上了"S2B 模式创新实践者"的新标签。

其次，"二级生态"的价值还体现在数据层面的共享。数据本身由于极低的复制成本和传递成本，具有近乎无限供给的特征；而在数据的消费上，一些人对数据的分析使用不会影响其他人的使用，又具有非竞用性特征。因此，不同的主体都可以通过对数据的理解、诠释及再加工，实现数据及其关联信息的共享、整合和价值倍增，数据也就具有十分明显的网络外部性。具体到韩都衣舍，就体现为随着韩都衣舍的合作品牌增加，数据带来的价值也实现了非线性的成倍增加。例如在通过机器学习预测需求中，规模较小的数据集带来的拟合精度有限，而合作品牌带来的数据不仅直接扩充了数据集，也激活并带动了原先的数据。换言之，新的数据不仅带来了需求预测、品牌洞察等直接价值，还能进一步激活业已沉淀的数据，带来更多的间接价值。间接价值的大小取决于已沉淀数据的多少，随着数据集的雪球越滚越大，新的数据的间接价值也越来越高，甚至大大超过了其直接价值。对于韩都衣舍来说，这是其开展"二级生态"最为重要的原因，胡近东强调，"获取技术服务费或销售扣点是很初级的，我们的真正目的是为了获取数据，是在实战中得到数据，是数据的共享。韩都动力和智汇蓝海不仅要变成互联网品牌新旧动能的转换基地，也更是大数据的获取、分析与应用中心"。在具体实践上，韩都衣舍首先进行数据共享，即将所有品牌的数据按照统一的标准形式导入到同一个数据池中。其次通过精细化的分析处理，发现精准的用户画像和消费需求趋势，甚至能进一步挖掘用户的其他需求。最后，基于用户画像和消费趋势，韩都衣舍的合作品牌与自有品牌的社群识别、产品开发精度不断提升，形成了完整的从生产供应到销售的全部数据链条。

至此，通过品牌生态的构建，韩都衣舍成为产业前端与后端的重要协同点，实现了从品牌升级到产业整体升级的"进化"。胡近东有一个形象的比喻：

互联网产业的进步和互联网品牌的发展根本上就像是一个含有许多未知数的方程，电商平台的出现由于极大降低了市场进入的门槛，而且提供了更为广阔的虚拟空间，因此可能解决了第一个未知数 X，支付手段的发展、快递物流行业的进步可能又解决了未知数 Y 和 Z，以此类推。然而随着电商竞争层级的提高，品牌向更为优质、更加契合互联网和数字化时代需求的方向升级就成为新的且极其重要的未知数 W。

"二级生态"就是韩都衣舍对这一未知数 W 的探索结果，也帮助韩都衣舍实现"从蝌蚪到深海巨鲸的进化"。

第四节　总结与展望

韩都衣舍的海外代购阶段代表着企业对于互联网技术最为直接的尝试，以新的线上销售渠道拓宽零售活动的时空边界。而互联网自有品牌零售机制的构建，则是韩都衣舍实践案例中体现出的数字化零售效率变革中最关键的微观机制。其基本思路是，以自有品牌开发应对互联网时代消费需求和产销逻辑的深层变革；通过互联网消费大数据和数字技术的利用，实现向数字化零售的全面升级；进而以品牌规则约束驱动后端生产的柔性化重构，最终形成以零售为主导的供应链逆向整合模式。这一微观机制是数字化零售优化供需匹配的过程，也是零售环节反向优化供给结构，提升供给环节对需求变化适应性与灵活性的具体表现。在此基础上，零售活动扩张的思路也有所创新，企业不仅以社群拓展取代传统的实体店面连锁，通过多品牌裂变的方式实现市场范围扩张，更通过数字经济所广泛催生的网络效应，建立互联网品牌生态，驱动新一轮的效率提升。韩都衣舍的机制及模式也可以简单归纳为图5-1，仅供读者参考。

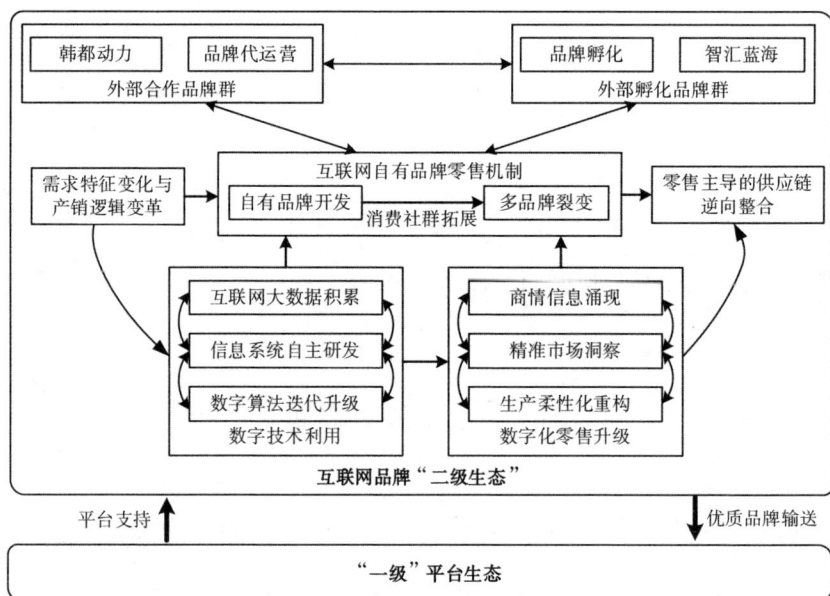

图5-1　韩都衣舍的机制及模式总结

　　随着韩都衣舍在其转型、发展过程中经验的持续积累，企业对于数字化零售和互联网品牌的理解也越发深入。在 2020 年 10 月举行的"2020 亿邦未来零售大会"上，赵迎光做了《如何迎接流量时代的终结》的主题演讲。在演讲中，赵迎光又一次强调，在未来的零售时代，品牌思维始终是最为关键的部分。这一过程与零售企业是否要在线下开店并不绝对相关，纯粹线上的零售企业也能做出品牌。同时，赵迎光还认为，品牌发展的逻辑也要发生改变，在发展初期，电子商务将品牌思维从"人找货"变成了"货找人"，然而未来品牌要实现真正发展和持续壮大，还是要回到"人找货"这一思路上，要更为清晰地解决"我是谁、有何不同、何以见得"这三个关键问题。赵迎光将韩都衣舍既往的成功总结为精准的定位、极致的产品和持续的热度三个关键因素，而未来如何更好地利用新的数字技术支持企业新一轮的机制创新与模式升级，成为摆在韩都衣舍面前的一个新的重要战略问题。

第六章

数字化支持 B2C 电商的"全渠道"转型：
酒仙网

在数字化零售变革的浪潮中，大量的 B2C（Business to Customer）电商应运而生，其中一部分是由互联网线上渠道起家，还有一部分是传统线下企业向线上转型的尝试。在互联网经济发展的早期，零售商对于 B2C 的理解很大程度上停留在其能够连接更多的消费者、能够在网页上展示自己的商品，等等。随着数字经济的发展，基于互联网大数据和算法等技术的应用，B2C 电商呈现出不断的自我变革趋势。尤其是互联网时代下商情信息的大量涌现，零售主体在渠道纵向关系中的话语权和约束力被进一步强化，并可能极大地重构产销主体之间的纵向联系，推动分工的深化。需要强调的是，数字化零售并不简单等同于完全的线上化，恰恰相反，实体空间由于具有面对面交互、提供服务体验和满足即时性消费等天然优势，始终是当前零售创新中的重要方向。以往很多只专注线上的 B2C 电商也意识到了这一点，并开始寻求如何在数字技术的支持下更好地实现线上与线下的和谐统一。由线下到线上，再到线上线下相结合的过程也引发了对"全渠道"转型的广泛探讨。事实上，渠道问题一直是零售领域最重要的问题之一，零售商利用不同渠道展开商品经营活动并非数字化经济时代的新生之物。相比传统零售渠道，线上渠道极大地突破了零售的时空约束边界，如何构建更高效的渠道模式，将线上、线下的优势相结合，成为尤为关键的问题。过去，由于不同渠道间缺乏有效的协调机制，渠道竞争和相互蚕食的问题常常出现，零售商很难应对。当前，在我国日新月异的零售实践中，越来越多的企业利用数字技术的支持，实现不同渠道从前端运营到后端供应链的整合，甚至搭建正向反馈的"全渠道"模式，并逐步形成了独具特色的中国模式和中国经验。其中，北京酒仙网络科技有限公司（以下称"酒仙网"）就是一个十分典型的案例。

2009 年 9 月，酒仙网在山西太原成立，其前身是有多年线下酒类流通经验的"山西百世酒业集团有限公司"。2010 年，酒仙网将企业总部迁至北京，以酒类产品 B2C 电商的身份开始了探索和转型。多年来，酒仙网不仅与国内数百家知名酒企建立了深度战略合作关系，其销售额及各大业务板块更是逐年增长，除了自建官网销售以外，还入驻了天猫、京东等多家电商平台。与此同时，伴随着"新零售"潮流的兴起，酒仙网也开始探索线上与线下资源的全面贯通，以及凭借数字化支持实现向全渠道的转型。其中，"国际名酒城"与"酒快到"是其线下布局最为主要的两大支柱。2017 年，第一家国际名酒城在北京亦庄的酒仙网总部开业，短短几年内，这一项目在华北、华东、华南、华中、西南、西北等多个地区落地，门店数量迅速增长。而"酒快到"项目则从 2014 年起，经过多年的探索和经验积累，于 2019 年重新面世，并作为新零售"双品牌战略"之一，与国际名酒城一起，支撑酒仙网探索更为完整的新零售版图，共同致力于"全球酒业流通第一品牌"的目标。从一个传统的线下酒商，到 B2C 电商的成功实践，再到布局国际名酒城和酒快到门店，探索线上线下结合的全渠道模式，酒仙网集团的发展路径较为典型，同时也揭示了数字化支持的 B2C 电商"全渠道"转型的过程。

2018 年 7 月以来，作者对案例企业展开了持续的追踪调研。其中，2018 年 7 月、2019 年 6 月和 2020 年 3 月，对企业管理者进行了三次集中的半结构式访谈。访谈对象包括企业创始人兼董事长、创始合伙人兼高级副总裁等最高管理层，也包括 B2C、B2B、新零售板块相关负责人，以及产品研发团队、IT 部门等负责人，访谈时长近 650 分钟，形成有效录音文本约 12 万字。此外，作者还阅读并收集了大量二手资料，并持续跟踪企业最新情况，在后期开发并撰写系列相关案例的过程中，对案例数据进行了持续补充与修正。这些共同支撑了本章的案例分析。①

第一节 互联网酒类零售新探索：**B2C** 模式的发展

酒仙网的成立是流通企业利用互联网技术加强渠道连接性的典型表现。2001 年，郝鸿峰与几个朋友共同创立了"山西百世酒业集团有限公司"，主要经营传统线下酒类的经销代理等业务。随着电子商务模式

_____

① 需要向读者说明的是，本章涉及的数据信息或为企业公开发布，或为作者在前期合作中征得企业授权允许发布的内容。而木章涉及的理论思考，则仅代表作者个人观点，不代表企业观点。

的发展，郝鸿峰发现，相比受制于强时空约束的线下渠道，线上模式能以更快的速度、更低的成本覆盖更多的消费市场，因此在 2009 年，他下定决心成立了酒仙网。在起步阶段，由于技术和人才的严重短缺，酒仙网经历了不少艰难。与大多数企业一样，在利用互联网技术发展的初期，由于不了解 B2C 模式的本质，企业对线上业务的运营往往表现为线下传统模式在线上简单复制的过程。2010 年，企业迁址到技术人才等资源更丰富、互联网行业发展更迅速的北京，伴随人才的不断引入和对 B2C 业务的理解精进，酒仙网开始步入正轨。

凭借深耕线下渠道积累的经验、资源和人脉积累，酒仙网很快与茅台、五粮液、泸州老窖、洋河、人头马等多家国内外知名酒企建立了合作，并拿到了品牌商的高级代理商资格，由此建立了稳定的供货来源。同时，酒仙网也意识到，这种传统的采买型或单纯的经销代理模式与线下模式并不存在明显区别，在渠道效率的突破上也极其有限。为获取更高的渠道利润，酒仙网开始思索如何在供应链和产品结构等方面构建核心竞争力。

更好、更快速地完成商品在市场上的流通过程，是包括零售在内的商业活动最根本的效率来源之一，也是零售商获取潜在交易利润的基本途径。因此，零售商必须更为充分、全面地考虑消费者对商品使用价值的诉求。虽然互联网时代催生的个性化、异质性和追求高性价比的需求特征是普遍存在的大趋势，但毕竟不同于快时尚服装等产品，消费者对酒类商品的消费需求特征较为稳定，在生产与消费的契合程度上更为可控，最直接的表现就是酒类行业对库存水平有着更高的容纳度。与此同时，酒品也不同于可以模块化的 3C 产品，高比例甚至完全依据消费者的需求进行差异化定制生产的难度很大，并不可行。考虑到在我国酒类流通渠道的纵向协作关系中往往是以上游品牌商为主导，酒仙网立足于渠道终端的位置优势，通过参与上游产品开发，与品牌商共同推出定制酒，实现了效率提升。这一过程虽然不同于本书在韩都衣舍案例中所阐释过的零售主导型供应链逆向整合过程，但依然强调从简单渠道买卖关系进一步向供应链合作关系深化。

一般而言，供应链终端的流通企业与渠道上游的品牌商、制造商企业，分别拥有不同的专业化环节优势，这一优势越是明显、越是充分互补，供应链的整体价值也就越高。以往由于需求本身的隐蔽性、复杂性等原因，即便是直接与消费者互动的零售企业往往也只能反馈较为有限的商情信息，因此其在整个供应链中的主动性有限，只停留在渠道意义上的买卖关系。随着大数据商情信息的丰富以及需求动态性、个性化的发展，流通企业在供应链中的地位得到进一步强化，甚至可以通过建立自有品牌，反向引导生产。以酒仙网为例，通过与上游酒厂建立深度合作，酒仙网推出了三类定制酒，形成了独具特色的产品结构。第一类是由酒仙网联合酒类品牌商共同开发定制的酒品，酒仙网拥有部分品牌归属权，例如泸州老窖三人炫、汾酒优级杏花村、五粮液密鉴，等等；第二类产品品牌虽然完全归属于上游酒厂，但酒仙网会在产品的设计、生产要求和品牌把控上发挥关键作用，还拥有该酒品独家销售权；第三类则是完全的自有品牌，通过收购海外酒庄，酒仙网开发了诸如澳洲丁戈树、法国孟特骑士等品牌，负责从设计、生产到销售的全部过程。这三类定制酒产品的比例已经占到公司酒类产品的 20% 甚至更高，其中自有品牌的比例也达到定制品的一半①。为提高定制酒的品质和口感，企业还成立了一百多人的产品研发团队，定制酒品牌不仅让酒仙网拥有了更主动的定价权和更强的供应链整合能力，提升了利润空间，同时也进一步增强了品牌的影响力和消费者忠诚度。企业也多次强调了品牌战略是其最为核心的战略之一，更是形成其在市场上难以模仿的核心竞争优势的关键所在。

值得强调的是，酒仙网之所以能够向上游延伸、发展自有品牌，很大程度上依赖于企业长期以来商品自主经营的基础。供应链合作的深入建立在渠道专业化优势的前提下，而作为中间商，其专业化优势就必须建立在经由商品自营所积累的市场感知与商品经营能力的基础上。显然，在消费数据更易获得的互联网背景下，如果零售企业不在实际销售中获取、理解并应用数据，则其独特优势难以长久建立。长期以来，酒仙网一直保持着较高的自营比例，在实际经营中，利用大数据和相关技术，酒仙网可以获取各种商品进出信息、订单信息、用户消费数据和浏览轨迹等，由此积累了大量数据和经验。自营所积累的数据和经验是定制酒品牌开发的核心依据，据董事长郝鸿峰所说，其产品研发团队的产品创意，包括产品特征、包装、品质、定位等，都是基于经验和数据的结合，其中，经验很大程度上也是来自对数据的分析。而另一方面，随着独特的定制酒产品吸引的顾客更多、品牌影响力更大，酒仙网也会收集到更多的消费者数据，从而继续优化对自营商品的分析，并为酒仙网

---

① 本数据为作者在 2018 年 7 月开展调研访谈时，企业提供的粗略估计数字，并在前期案例开发中获得企业授权允许发布，仅供读者参考，但不能理解为准确统计数据，如果与企业未来正式公开的信息不同，应以企业的最新数据为准。

在传统自营最为困难的选品决策等方面提供解决方案，最终形成一个不断优化、正向反馈的闭环。

除了发展定制品牌之外，酒仙网也意识到，相较于联营制零售或者平台式电商模式，物流效率及服务质量在 B2C 的自营零售模式中始终是关键部分。虽然互联网拉进了与消费者的距离，通过突破时空边界的约束大大节约了商流活动的成本，但对物流成本的节约并不明显，实际的物流过程也是不可避免的。在传统的线下模式中，消费者自己到门店选购商品并承担"最后一公里"的物流，而这些都成为线上 B2C 电商首要考虑的内容。酒仙网内部经过多次详细讨论后，企业决定从自建仓储中心做起，并通过数字化的手段对物流过程进行效率优化。一旦收到消费者的订单，系统就会根据其地址自动匹配邻近仓库出货。为提升出货效率和速度，基于酒仙网自主研发的商品条码系统，配送中心还引进了自动高位升降机货架、全自动分拣流水线等自动化装配。截至 2018 年 7 月，酒仙网分别在上海、广州、天津、武汉、成都拥有五个配送仓。考虑到酒类产品保真、保质的要求更高，酒仙网也在不断提升其配送速度，结合对第三方物流的协调，已在全国 60 多个城市实现"次日达"，200 多个城市实现"三日达"。

在酒仙网的 B2C 业务取得阶段性成果之后，企业开始思考是否将平台对其他商家开放，以开拓盈利空间。一方面，开放平台之后，入驻商家可能会在服务、质量保真等方面无法执行统一的标准，进而可能影响酒仙网的品牌声誉；另一方面，开放平台有助于降低公司的整体运营成本，同时丰富 SKU，扩大消费者的选择范围。在多次讨论后，企业最终决定在以自营业务为主的同时，将 25%～30% 的资源用于平台经营，并做好入驻商家的审核和风险管控。酒仙网关于是否开放平台的问题与本书在实践篇所阐释的自营联营的选择问题密切相关。自营与联营之争一直是中国零售业发展过程中重要的议题，理论上讲，自营才是"商业"本质的体现，但联营模式具有成本低、风险可控等优势。我国零售业已经呈现出高比例联营的态势，继续联营还是回归自营，其关键就在于，从社会整体视角来看，要保证两种模式的合理比例关系。相应地，在微观企业层面，就要权衡好两种模式在实际经营中的运用，更好地发挥其正面作用而规避可能的负面效果，使联营制更好地服务于体现商业本质特征和利润来源的自营模式的发展。以酒仙网为例，其平台的开放比例是较为适度的，而且在很多方面是服务于自营模式及其定制酒品牌开发的。主要体现在：其一，平台开放带来的更丰富的产品结构会吸引更多的消费者，从而在用户网络层面形成正面的外溢作用，促进用户规模的不断扩张，为自营商品和定制品牌奠定坚实的消费者基础；其二，平台开放带来规模体量增大，在一定程度上，会提升酒仙网在渠道中的势力和地位，使其在供应链合作中更有话语权；其三，通过平台开放，企业可以汇聚更丰富的消费者行为和商品销售等数据，形成更广泛的数据分析基础，提升对目标客户需求的预测能力。

酒仙网对 B2C 业务的探索奠定了其在互联网酒类行业中的领先地位。但对于中国酒类流通市场的总量来说，根据郝鸿峰的估计，线上电商渠道的占比还不足 5%[①]，销售额实现基本还是在线下。因此，酒仙

[①] 来自作者 2018 年 7 月对酒仙网的访谈资料，仅供读者参考，但不能理解为准确统计数据。

网又将目光转回线下，开始思考能否依托线上 B2C 业务的基础，进一步开拓新的发展空间。

第二节　初步探索与经验积累：O2O 和 B2B 业务

随着线上零售渠道的快速发展，O2O（Online to Offline）的概念迅速流行起来。传统的 B2C 商业模式强调在线上完成从挑选商品、购买支付到售后服务等一系列过程，线下则完成物流配送过程。然而，这种模式本身无法实现线上、线下不同渠道的优势互补，在满足即时性需求和提供真实场景体验等方面也存在短板，由此 O2O 模式应运而生。理论上，O2O 是将线上与线下门店经营相融合的发展模式，强调通过线上到线下的引流，引导消费者在从线上到线下，在线下完成服务体验的过程，将最终消费的实际发生引至线下门店。O2O 模式的本质强调线上线下渠道的资源互补和强一体化程度，然而在早期的 O2O 实践中，许多企业对 O2O 的理解停留在渠道的简单叠加，线上既不能为线下提供更为丰富的流量引入，线下也无法实现充分的客户参与和服务体验，反倒成为许多零售企业转型发展路上的"坑"。

2013 年年前后，郝鸿峰开始思考如何在现有的 B2C 业务基础上引入 O2O 模式。2014 年 8 月，酒仙网成立了"酒快到"子公司，开始在全国范围内布局线下的"智能连锁酒行"，消费者使用酒快到 App 下单，平台会根据消费者所在地点，通知最近的门店备货和发货，并承诺在 19 分钟内送达。为提升开店速度，酒仙网在 2015 年入股了华龙酒业和名品世家，借力各地区原有的线下酒类零售终端，迅速推进酒快到的业务扩张。对酒快到模式的探索过程耗费了酒仙网大量的人力、财力资源，虽然成效不大，但收获了很多关于O2O业务的宝贵经验。

回顾酒快到的初步探索过程，不仅有快消品O2O行业整体低迷的大背景的影响，更重要的是，当时的酒快到本质上只是单纯的"线上下单，线下配送"，线上与线下业务在运营过程中更像是两条独立的轨道，很难说真正体现了O2O模式中不同渠道优势互补、和谐统一的核心思路。例如，虽然当时酒仙网的B2C业务已经积累了1800万的线上会员，但实际上并未为酒快到的发展带来流量等方面的明显优势，而合作门店也没能共享酒仙网总部的供应链资源，由此更是失去了从独特的产品结构上获得更高利润的可能。此外，由于当时入驻平台的线下商户门槛较低，许多都是服务意识欠缺的传统夫妻烟酒店，酒仙网总部很难对门店提供的产品或服务进行有效的控制和管理，甚至可能影响用户对酒仙网品牌的信任度。对O2O模式的初步探索也让郝鸿峰团队认识到，在面对纷繁复杂的新技术、新现象、新概念时，如若无法清晰地把握其背后的本质特征，并将其与企业最为核心的商业逻辑相匹配，则可能会在实际的经营过程中出现偏差。

在探索O2O模式的同时，酒仙网也成立专门团队开展了对B2B（Business to Business）模式的尝试。与面向最终消费者的B2C模式不同，B2B模式是批发商角色的体现，即面向商品的再转售者，如其他的批发商或者零售商。相比于零售环节，批发环节是"更高的中项"。批发商的出现并非偶然，由于商品生产的发展和贸易空间范围的扩大，尤其是远方市场的出现，生产与消费在时间匹配和空间集散上的矛盾更为复杂化，商业内部发生了进一步的分工，即批发商出现。一方面，由于生产与消费之间可能存在明显"时间差"，需要批发商通过商品储备和库存调整等方式加以调节；另一方面，在生产集中、消费分散或生产分散、消费也分散等更为复杂的产销关系中，往往需要中间环节承担商品集散的功能，而商品向远方市场的延伸，也需要批发环节通过跨地域流转商品，连接广阔范围的生产者和零售商，进而形成广域市场。

由于批发和零售环节的特征、职能等存在较大差异，互联网的发展对批发商和零售商的影响也不尽相同。一般而言，互联网的虚拟交易空间使得生产者拥有了与消费者直接互动的可能性，掀起了"去中间化"的趋势，给批发环节带来明显冲击。然而，值得说明的是，无论是技术对批发环节的缩减还是改造转型，其过程并不意味着批发本身在商品流通中所承担的职能消失，而往往只是履行职能的主体发生转移，即原来批发商的职能转而落在制造商、其他中间商以及物流服务提供商等不同主体上。而 B2B 模式并非仅仅将传统批发商的职能照搬到线上，成功的 B2B 模式应当能够帮助批发商更好地承担批发职能，发挥中间环节的优势，降低流通成本，提升流通效率，否则这一模式也无法得到根本突破。

2015 年年底，酒仙网开始了其 B2B 模式的布局，并为此搭建了独立的线上网站"酒仙团"。与酒仙网的 B2C 业务不同，酒仙团主要对接的是烟酒店和二批酒商等，仅对商家开放，且需要经过营业资质的审核后才能加入。酒仙网实践 B2B 模式的最初目的是希望通过酒类批发业务的拓展实现更大的发展空间，因为理论上来说，经由酒仙团平台，上游酒厂可以与下游零售企业直接对接，从而绕过传统酒类流通渠道的多级批发商，达到减少流通环节、降低流通费用的结果。然而，B2B业务的实际发展情况却并不像当初设想的那般顺利。由于传统的线下酒类流通渠道已经较为成熟，多层级的区域经销代理模式已经固定下来，初生的酒仙团平台很难将其完全取代。并且，相比原有的区域代理商，酒仙团平台无法为下游的普通烟酒店提供点对点配送等服务。此外，从产品结构来看，酒仙网当时的产品分类包括"常规品"、"长尾品"和"定制品"三种。其中，企业中的"常规品"指如茅台、五粮液等全国性品牌，由于上游品牌商的渠道势力较强，还要面临来自其他代理商的竞争，这些产品的利润空间小、毛利低。"长尾品"指区域性酒类品牌，然而，这类品牌的经营同样面临着来自各区域传统代理商的竞争，利润空间也较小。而"定制品"虽然利润空间大，也是酒仙网重点发展的核心竞争优势，但由于当时酒仙网的B2B业务与普通烟酒店之间只是简单的买卖供货关系，无法实现对定制品质量和价格的严格把控，很容易出现与自身B2C业务的价格冲突和渠道冲突，同时也可能给企业自有品牌带来负面影响。对B2B业务模式的探索也让酒仙网意识到，若要实现酒仙团的成功转型，就必须沿着品牌化和重度垂直的方向发展，即更为谨慎地筛选下游优质商家，并与下游商家建立深度的、多方面的渠道合作，而这也需要更高的推广成本和更长期的路径规划。

第三节 "新零售"战略与全渠道转型：国际名酒城与酒快到

随着对"新零售"模式的思考与探索，酒仙网开始走向一条真正能体现"全渠道"概念的转型发展之路。理论上来讲，全渠道可以理解为渠道整合形态的一种。渠道整合是指在不同渠道类型和渠道主体之间，实现在不同活动领域的协调与集成。以渠道的协同整合程度来进行粗略划分，渠道整合主要包括多渠道、跨渠道和全渠道等不同状态。在多渠道情形中，消费者的购物行为是在其中一个单一渠道内完整完成，渠道之间不存在明显的互动和整合关系，渠道管理的重点也只是分别管理好每一个渠道。跨渠道则指不同渠道或不同消费者触点之间可能存在部分整合，但依然存在明显的制约，而且渠道之间可能因为没有形成合理的协调机制而发生蚕食效应，酒仙网早期的O2O探索在一定程度上还处于这个阶段。而全渠道则是由于技术发展和消费需求变化所形成的渠道整合的一个较为理想的状态，是一种充分融合，能够提供无缝消费体验，并由零售商完全控制的闭环网络。全渠道的搭建不仅强调以顾客为中心、为消费者提供更优质便利的购物体验，更重要的是，全渠道的整合是多个层面的系统整合，包括产品、价格、交易、订单履行和客户服务等，零售企业要依托数字技术的应用，通过大数据的管理与集成分析，提升整体的渠道效率，才能跨越全渠道的各种障碍。

2017年，酒仙网在吸取O2O模式经验的同时，结合对"全渠道"等概念的理解，决定重新以"新零售"的方式开始线下布局。2017年

7月，标志着"新零售"这一重大战略转型的第一家国际名酒城落户酒仙网北京亦庄总部。不同于以往，国际名酒城的发展模式体现着利用数字技术支持线上与线下渠道深入融合和反馈互动的特征。

第一，国际名酒城采用了全新的引流方式，充分利用了互联网社交网络资源及其传播优势。在线下连锁门店不断扩张的过程中，如何降低获客成本、保证门店的流量基础尤其重要。随着线上 B2C 业务积累的会员数量不断增加，酒仙网发现了社交网络这一有效的引流机制。在门店开业之前，酒仙网会先从线上会员数据池中挑选出该门店所在区域的活跃会员，通过他们组建微信群，并通过微信"人拉人"这种简单而高级的方式实现微信群人数的快速增长，有效地传播新店开业的信息。为了吸引这些顾客真正到店，在开业当天，酒仙网还采用转发朋友圈免费领酒等方式，进一步加快品牌宣传速度和拉新速度。相比于传统的宣传方式，酒仙网凭借社交网络的连接性和传播性优势，实现了线上对线下实体门店的引流，让产品和消费者在短短一周的时间内就迅速见面。郝鸿峰评价这种模式"简单且立竿见影"，虽然免费送酒的方式也给酒仙网带来不小的压力，但比传统推广的方式成本更低、效果更明显。

第二，国际名酒城有着全新的产品结构。将顾客吸引到门店只是第一步，而且很容易被其他企业模仿，如何将顾客留在门店，同时创造更多的利润才是门店长久运营的关键。事实上，由于商业活动的本质始终是为了媒介供需而服务，因此前端的渠道或门店运营的问题，很大程度上是后端产品和供应链的问题。如何提供更加符合消费者差异化和个性化需求的产品、丰富产品组合则是最为核心的问题之一。为了扩充产品数量、保证质量，酒仙网应用了全新的产品结构。一方面，酒仙网在长期经营中逐渐意识到，更多渠道之所以意味着更多竞争的可能，其中一个主要原因在于，渠道之间没有根据不同特征及其主要消费需求进行差异化互补和错位发展。因此，相比线上大量的长尾商品，酒仙网在线下门店的产品布局中以需求稳定、销量较高的热门类、畅销类商品为主。相比线上渠道对全国性的需求广泛覆盖，线下各门店则更强调区域性产品的比例。同时，酒仙网会利用线上搜集的区域历史销售数据和偏好数据等对消费者进行画像分析，从而在门店的产品结构上进行适应性调整。线下门店的新顾客还可以通过数字化会员体系丰富线上与线下共同的数据基础，反哺线上业务发展。另一方面，酒仙网将其后端的供应资源开放给加盟连锁的国际名酒城门店，对其进行供应链和产品结构上的赋能，从而将酒仙网的供应链优势真正转移到门店。而店面的连锁复制过程，在很大程度上就是在不同区域对酒仙网的供应链和产品优势进行复制的过程，这个过程体现了渠道间优势共享、价值共创的应有之义。具体来说，国际名酒城的产品结构由流量产品、常规产品、战略产品和核心产品4类产品组成。其中，流量产品负责吸引流量，常规产品负责丰富品类。流量产品主要凭借低价优势吸引消费者，虽然可以贡献销量，但利润毕竟太低，门店的盈利还得靠战略产品和核心产品。战略产品与酒仙网的"爆款战略"密切相关，如"三人炫"等产品，它们是店铺毛利的保障，此外还有一些核心产品，它们是"公司的战略、店铺的利润、店员的奖金和顾客的赞美"。流量产品、常规产品、战略产品和核心产品分别从引流和保障利润两个角度，构成了国际名酒城的核心产品竞争力，这也是门店盈利最为重要的基础。

第三，国际名酒城建立了全新的信息系统。很多连锁门店在地理空间中进行不断复制的过程中会发现，在连锁体系达到一定的规模后，必然面临着明显的边界制约，这主要是由于门店数量增多而带来的管理和协调难度的上升。如果不能突破这些制约，连锁扩张的过程就无法继续进行。尤其是国际名酒城采用了典型的加盟制方式，这种方式虽然扩张速度快、成本低，容易激发门店的自主性，但也限制了总部对门店的管控程度，进一步放大了管理的难度和潜在的风险。而互联网信息系统的嵌入则提供了应对这些问题的一种可能的思路，帮助企业实现对门店的"针对性干预"，高效开展管理活动。例如，在门店管理上，国际名酒城可以通过全方位的视频监控系统实现总部对门店的远程管理，保证步调一致和服务质量；而在门店运营上，电子价签系统的使用实现了总部对价格的统一控制和调整以及实时改价，从而避免了线上线下渠道之间，或线下不同门店间因价格而产生竞争等问题，而且通过订单销售系统、库存管理系统等实现了门店数据的全面接入，自动记录不同产品的销售和库存情况，实现及时补货，并能提供选品、采购、财务等多方面的经营建议。

第四，国际名酒城还引入了全新的服务理念，提供包括免费品酒、免费喝茶、免费验酒在内的"五免费"服务，进一步提升了对消费者的吸引力。2019 年 1 月，国际名酒城的数量就已经接近 300 家，并计划在 5 年内扩展到 1 万家门店。

国际名酒城项目的顺利发展使酒仙网重新将目标投向了之前搁置的"酒快到"项目。2019 年春节，"酒快到"001 号全国首家线下店在山东聊城正式开业，标志着"酒快到"以酒仙网"新零售"的方式重新面世。酒快到与国际名酒城共同构成了酒仙网在新零售领域的"双品牌战略"，是支撑其线下扩张和全渠道发展的两大支柱。虽然同是新零售战略，酒快到的发展逻辑与国际名酒城并不相同。根据酒仙网"小城市开大店、大城市开小店"的思路，国际名酒城主要布局在三、四、五线城市，面积在 200 平方米以上，更像是酒类的商超，而酒快到则主要是面向一、二线城市市场，以 30 ~ 50 平方米的精品小店为主，更接近酒类的便利店。但不可否认的是，酒快到在许多方面都受到了国际名酒城模式的启发。

首先，围绕"产品为本"，酒快到门店也共享着酒仙网总部的供应链优势。酒快到业务重启后，由总部供应门店的全部产品。虽然酒快到门店较小、SKU 数量较少，但遵循了类似的产品逻辑，将产品划分为常规品和专销品，常规品发挥引流等功能，专销品主要指酒仙网的定制品，发挥利润保障作用。相比国际名酒城，酒快到的专销品占到门店SKU 的半数以上，其销售额可以占到总销售额的 30% ~ 40%。由于利用了酒仙网的供应链优势，酒快到的产品不仅可以"保质保真"，由于共享酒仙网总部规模效应，产品的利润空间也有保障。

其次，在引流方式和运营管理等方面，酒快到在吸取经验的基础上逐渐形成了自己的发展路径。与国际名酒城有所不同的是，酒快到目前没有使用酒仙网的线上会员资源，而是凭借自己的引流经验，并借助运营商的资源独立在线下开拓客户。除了流量的多少，酒快到更注重服务的质量，致力于通过精细化的引流为顾客带来更优质的购酒体验。究其原因，与二者的发展逻辑有一定关系。国际名酒城地处三、四、五线城市，所面临的竞争相对缓和，消费者对产品的价格更为敏感，"免费送酒"的引流方式可以取得立竿见影的效果。但一、二线大城市的用户群可能对产品的品质、增值服务等方面有着更高的要求，因此，酒快到采取"精准引流"方式，更重视对客户关系的长期维护和精细化运营。另外，在门店运营管理方面，酒快到同样注重互联网和信息系统等技术手段的应用，不仅接入酒仙网的信息管理系统，实现了对库存数据的实时跟踪和优化管理，酒快到还积极探索了各种新方式，如开发社群拼团小程序等，借助互联网社交网络资源的传播优势吸引更多消费者。在2020年疫情期间，酒快到还通过视频直播的方式为消费者提供"云逛街"服务，由门店充当导购，一旦消费者下单就从总部及时出货、配送给客户，门店也会得到一定的利润分成。

最后，与国际名酒城类似，酒快到采取了加盟式的连锁扩张方式，但新加入了"区域运营商"的角色。区域运营商主要发挥着连接总公司和加盟店的中介作用，由总公司先对区域运营商进行辅导，随后再由区域运营商辅导其管理的加盟商。一个区域运营商可以管理10家左右加盟店，但根据酒快到的要求，其中3~5家必须由运营商直接经营。这就要求区域运营商在发挥中介作用之外，主动联系自己在当地已有的资源优势，比如客户资源、门店资源以及自身积累的连锁门店运营经验等，更好地指导门店的销售。这一点也与国际名酒城和酒快到布局思路的差异有关。从根本上来说，无论规模还是业态形式，都不是两种模式的关键区别所在，酒快到之所以与国际名酒城存在多方面的差异，主要是因为二者所面对的消费需求不同，所处商圈的内外部环境和客户特征等都存在明显的异质性。对酒快到来说，无论是满足一、二线城市消费者的高品质需求，还是应对激烈的市场竞争，都蕴含着很多挑战。在前期市场调研中，酒快到发现其目标消费人群对商品的保真性要求极高，只有数量规模足够大的连锁门店才能获取消费者足够的品牌信任，因此他们坚定认为，要想获得发展空间就必须建立强势品牌，用酒快到业务负责人的话来说就是，"酒快到一定要成为区域王，如果不是区域王就活不下去"。而区域运营商角色的设立，可以让酒快到与那些在当地已经具备资源和实力的运营商合作，充分发挥配送服务和供应链的优势，在新零售战略的新一轮扩张中保证门店质量，维护品牌形象。

第四节　总结与展望

从传统酒商起步到线上电商转型，酒仙网不断探索酒类垂直电商的发展模式，朝着"新零售"目标进行战略调整，实现了由线上到线下、线上线下融合发展的全渠道转型。基于消费者大数据和渠道优势，传统的 B2C 电商可以突破简单的渠道经销代理模式和"一买一卖"的传统流通匹配模式，向供应链深度合作模式延伸，酒仙网推出的定制酒品牌是后者的典型代表。定制酒品牌虽然不同于完全的自有品牌开发模式，但是在其开发过程中，需求驱动生产同样发挥了基础性的作用，不仅形成了难以模仿的竞争优势和利润空间，也支撑了酒仙网从线上到线下的转型之路，充分体现了数字化零售转型发展的关键趋势和重要思路。截至 2019 年 6 月，酒仙网的产品研发团队有 100 多人，称得上酒类零售行业最大的产品研发中心之一。此外，信息技术团队也有百余人，基于数字技术的应用和信息系统的嵌入，酒仙网以其"全新的引流方式、全新的产品结构、全新的互联网信息系统、全新的服务理念"这一

"新零售思维"，既实现了国际名酒城在实体空间中低成本的快速扩张与门店间高度协同发展，也构建了线上与线下渠道之间的紧密衔接、正向反馈的和谐统一关系，朝着更高水平的全渠道零售模式不断升级。由于酒类产品的特点，虽然酒仙网还没有形成完全的数据驱动模式，但数据和技术已经渗透在其零售活动的方方面面，形成了包括仓储体系、供应链体系、销售预测体系等在内的多个数据运营体系，处于行业数字化应用前列。随着数字技术与业务逻辑不断充分融合，酒仙网打造"全球酒业流通第一品牌"的定位和目标也日益清晰。综上，酒仙网的机制及模式可以简单归纳为图6-1，仅供读者参考。

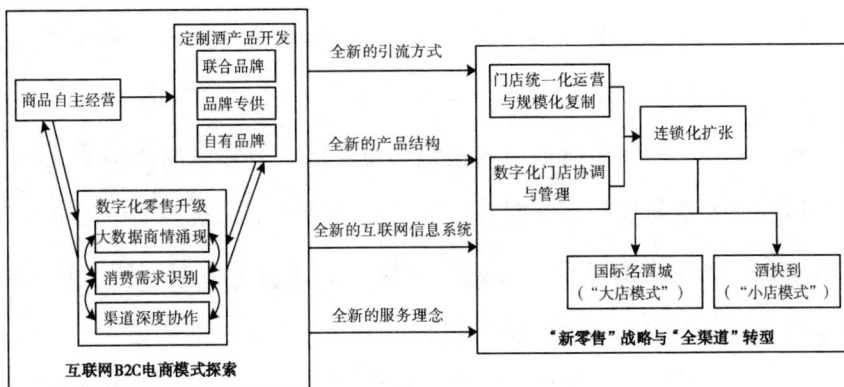

图6-1 酒仙网的"新零售"战略与"全渠道"转型示意简图

酒仙网也在不断尝试新的发展模式，积极探索酒类产品新零售布局的新版图。其中，酒仙网在电商直播领域进行的新探索尤其引人注目。近两三年来，直播发展迅猛，从数据上来看，头部顶流主播达到了传统模式难以实现的带货量和带货效率，直播行业的用户规模也呈现指数级增长。"直播＋电商"成为新的潮流和热点，各路网红、明星，乃至于企业家等都纷纷试水电商直播。2020 年 9 月，酒仙网董事长郝鸿峰在短视频平台抖音上进行了直播首秀。另外，酒仙网还培育出了一个粉丝人数超过 400 万的"网红"带货主播"酒仙网拉飞哥"，成为全网酒水类直播电商的典型代表。

从基本原理上来说，正如"新零售"等概念，虽然表面上呈现着诸多纷繁复杂的创新表现，但其本质还是要服务于更高的供需匹配及媒介效率，电商直播或直播带货的模式也是希望以形式上的创新更好地推动"人"与"货"的连接。根本上，它是中间商"人格化"的体现，与以往的导购员、电视推销卖货等形式有相似的地方，但却在技术条件的支持下得到了极致演绎。同时，又与传统导购员的方式有所区别，借助于互联网等技术，电商直播连接的"人"与"货"在时空范围上得到了质的突破，而与传统的电视推销卖货不同，直播电商获得了更直接且更频繁深入地与消费者实时双向互动的可能。不仅获得了传统电商缺乏的导购式双向互动过程，也在很大程度上获得了传统实体零售"所见即所得"的优势。由于中间商角色的基本职能在于买进卖出商品，因此，中间商角色的更好发挥，如选择货品、品质保证等对于直播电商的成功十分重要，这也意味着强调专业性的垂直电商可能与直播具有天然契合的优势。

事实上，酒仙网很早就注意到了短视频内容平台的兴起，并创建了自己的官方账号。在长期的经验积累和探索中，酒仙网发现自身最大的优势在于"垂直"，即在酒类流通领域内达到极致的专业性。只有凭借高度的专业性，消费者才会相信主播背后的"货"，粉丝们的消费黏性和变现速度才能更高。以"酒仙网拉飞哥"为例，他不仅是酒仙网旗下公司的合伙人，还是高级品酒师，对于各种酒尤其是红酒的历史文化、品鉴知识等了如指掌，这是他能逐步积累起庞大的粉丝群体的重要条件。此外，酒仙网还会邀请明星嘉宾参与直播，利用明星的粉丝效应和流量效应为酒仙网引入更多潜在的消费群体。其中，酒仙网的直播得以充分实现明星流量优势的重要基础在于，酒仙网能够利用其专业性优势更好地发挥作为中间商的选品采购职能，提供更契合消费者需求的酒品，也为将新引入的流量成功转化为真实订单提供了现实基础。

相较于表现上的形式创新，直播带货还应当有供应链层面的数字化连接作为深层基础。一方面，依托积累的大量会员数据，酒仙网能够基于对消费大数据的精准分析更好地把握消费需求，从而更好地选取最有可能引爆消费者购买需求或者开拓潜在市场的商品。比如凭借深耕行业多年的经验，酒仙网敏锐地发现了中秋节前夕和春节前夕庞大的酒水需求，由此推出了"9.9全球酒水狂欢节"，并通过数据分析挑选出最合适的产品。另一方面，酒仙网与大量优质品牌商、供应商、酒企建立的稳定、深入的战略合作关系，能够保证酒仙网的选品深度和选品质量，为酒仙网的直播提供了极其坚固的供应链体系支撑。

酒仙网的电商直播模式目前仍处于初步探索阶段，但也一定程度上体现了酒仙网对于酒类产品未来流通组织形式的创新思考与新布局。这一举措是否能够取得更好的效果，尤其是如何将电商直播与酒仙网的"新零售"和"全渠道"布局更好地融合起来，有待进一步实践探索与观察思考。

第七章

由自有品牌开发到数字化零售"智"造：
苏宁易购

　　在中国的零售数字化转型热潮中，传统实体零售商如何应对数字化这一问题，不管是在理论还是实践层面，均一直备受关注。其中，拥有多年零售经营历史的苏宁易购作为国内零售巨头，通过在其自有品牌开发过程中积极拥抱数字化，实现了自身经营结构的优化，并成为国内领先的智慧零售服务商，是传统零售商积极应对数字化创新浪潮的典型代表。本章希望通过回顾苏宁自有品牌的发展历程，为读者展示传统零售商以自有品牌开发为切入点，通过充分发挥自身的渠道资源优势，最终完成零售制造在数字经济时代的新实现——零售"智"造，在一定程度上提供具有中国特色的数字化零售创新经验。

　　1990 年 12 月 26 日，苏宁在江苏南京成立。本章案例企业"苏宁易购"的全称为"苏宁易购集团股份有限公司"，是苏宁控股集团有限公司旗下的一家上市公司，前身是连锁经营综合电器业务的"苏宁电器股份有限公司"。2004 年，苏宁电器连锁集团股份有限公司在深交所正式挂牌交易。2009 年，苏宁电器网上商城进行全面改版与升级，并正式更名为苏宁易购，深入探索电子商务平台的发展。2013 年后，公司基于业务形态的变化先后将公司名称变更为"苏宁云商销售有限公司""苏宁易购集团股份有限公司"。经过多年发展，苏宁从一家线下空调专营店成长为国内领先的综合零售商。早在 2009 年，苏宁就以 1170 亿元的销售规模和 941 家门店的经营规模位列当年的中国连锁百强榜首，成为当时中国最大的零售企业①。并且，在数字化的浪潮中，作为我国综合零售商突出代表的苏宁，通过对数字技术逐渐深入的应用，不断推进着"智慧零售"的全渠道、全场景、全品类新布局。截至 2020 年 6 月，苏宁在线下拥有苏宁广场、苏宁家乐福社区中心、苏宁百货、苏宁零售云、苏宁极物、苏宁红孩子等"一大两小多专"各类创新门店，在线上通过苏宁易购的自营、平台开放和跨平台运营等多种模式共驱，成为中国 B2C 行业的领先企业。

近年来，沿着"全渠道融合""全产品运营""全客群服务"这一发展路径，以 PPTV 智能电视品牌、苏宁小 Biu 和苏宁极物为代表的自有品牌系列建立在苏宁长期自营所积累的丰厚资源的基础上，不断得到开发，并迸发出强大的生机与活力。目前，苏宁的自有品牌在苏宁产品品类中销售占比达到 10% 左右②，自有品牌的内容不断增多、覆盖范围持续扩大，在苏宁整体的"智慧零售"布局中逐渐发挥出更大的能量。通过在自有品牌开发中坚持技术与商业的结合，苏宁也得以驱动后端供应链围绕消费需求和用户满足实现柔性化升级与改造。可以说，基于数

---

① 数据来源：中国连锁经营协会官网。

② 数据源于企业访谈时公布并经授权可以发布的数据。在此供读者参考，但不能理解为准确统计数据，如果与企业未来正式公布的信息不同，应以企业的最新数据为准。

字技术应用的自有品牌开发是苏宁在新的时代背景下对如何更好地承担零售商"媒介供需"这一本质职能的重要探索。

2019年11月以来，作者对案例企业展开了持续的追踪调研。其中，2020年4月对苏宁智能终端公司管理者进行了两次集中的半结构式访谈，访谈时长超100分钟，形成有效录音文本2万余字。此外，作者还通过搜集企业分享的资料、官方微信公众号推文、各大新闻网站报道等形成二手资料库共4万余字，并在后期撰写案例的过程中，对案例数据进行了持续补充与修正。这些共同支撑了本章的案例分析。①

第一节　自有品牌初生：自主产品与 PPTV

在传统工业经济时代，就已经存在大型零售商基于渠道关键资源的控制而形成的渠道势力，并进一步地纵向约束包括上游生产商在内的其他渠道成员。事实上，通道费、联营扣点等模式就是这种方式的一种表现形式。但也正如本书在实践篇中所述，这种形式使得渠道纵向关系更多表现为竞争甚至是对抗关系，"零""供"冲突频发的问题不容忽视。相反地，在数字技术的支持下，零售商可以利用渠道优势，更多转向推动渠道合作关系的建立。尤其是对于拥有自营经验的零售商来说，商品自营本身会使其与上游供应商、品牌商形成更为稳定的关系，也自然能

---

① 需要向读者说明的是，本章涉及的数据信息或为企业公开发布，或为作者在前期合作中征得企业授权允许发布的内容。而本章涉及的理论思考，则仅代表作者个人观点，不代表企业观点。

以自营为基础去探索更多新的合作形式。正如苏宁智能终端公司总裁刘东皓认为的那样，苏宁做自有品牌，是一个自然而然形成的状态。通过长期的商品经营业务，苏宁具备了丰富的零售终端信息，并在经营过程中不断发现未被满足的消费需求"缺口"。通过其作为大型零售商所长期积累的充足、优质的上游生产资源，更使苏宁发现自身有能力组织完成对这些"缺口"的填补，从而既能覆盖新的市场、形成新的利润点，也能塑造流通企业独特的市场竞争力。因此很早苏宁就萌生出与上游工厂合作开发自主产品的想法，根据其在实际经营中对需求的把握、分析及经验判断，提出产品要求，并通过其自有的渠道体系完成销售。随着不断的探索，这种带有反向定制色彩的模式广泛存在于苏宁与所有大品牌之间。这也使企业开始意识到，自身作为零售商角色的经验和资源积累能够超越简单的渠道视角的商品买卖关系，通过更为全面深入的供应链的合作关系，对生产和消费之间的连接发挥重要作用，这就已经初具自有品牌的雏形。

2013年10月28日，苏宁云商以2.5亿美元的投资成为视频公司PPTV的第一大股东，对聚力PPTV的收购成为苏宁自有品牌建设正式开始的重要标志。此后，在充分结合自身优势和苏宁提供的资源的基础上，PPTV的业务突破了原先的视频网站领域，开始进军智能电视行业，并逐渐成长为国内一线的智能电视品牌。截至2020年4月，PPTV智能电视在全国拥有约4000家线下门店，在苏宁销售渠道中累计销量超过500万台。

PPTV智能电视取得的成绩，离不开其视频网站这一出身所具有的内容优势，更离不开对苏宁深耕渠道所积累的需求、技术和生产资源的充分利用。具体而言，通过苏宁提供的消费需求信息，PPTV 得以更好地识别目标消费人群和关键需求特征。在苏宁的支持下，通过与海信、TCL 等知名电视品牌的代工厂合作，PPTV 智能电视也能充分享受到优质的生产资源，产品质量因而可以得到较高的保证。并且，依靠家电和3C 产品起家的苏宁，在多年的实体零售商经营以及向电商领域拓展的过程中，积累了丰富的运营经验，这也为 PPTV 智能电视的打造提供了重要的支持。数据分析技术支持下的精准需求洞察与上游生产资源支持下的高质产品保证的结合，使 PPTV 最终得以成功推出操作智能化、内容丰富化的智能电视，也因而突破并拓展了传统视频网站的盈利和发展思路。此后，PPTV 的自主产品开发也进一步延伸到电视盒子、音箱等家电产品中。

可以看到，苏宁自有品牌从孕育和初生时期开始，就与苏宁的"零售商"角色所积淀的丰厚资源优势有着密不可分的关系。

第二节　智慧零售自有品牌：苏宁小 Biu 与苏宁极物

近几年来，苏宁小 Biu 和苏宁极物的开发，不断推动着苏宁自有品牌的发展，体现了苏宁利用数字化技术实现的零售活动逻辑与机制优化，更是助力于企业"智慧零售"的数字化升级转型。

2018 年，人工智能与智能家居的市场潜力初显，包括生产制造型企业、科技型企业以及平台型企业在内的市场参与者众多，但各种力量仍处于成长阶段，尚未出现能以一套操控系统打通所有家居产品的企业力量。苏宁作为这一领域的积极参与者，在全场景智能家居产品的打造过程中，意识到与其花费大量的资金和时间去协调不同品牌共同采用一套操作系统，不如自己着手推出一整套能够使用自己的操作系统的家居产品，将智能家居这一想法真正落地。建立在长期经营家电和 3C 产品领域所积累的经验和资源的基础上，苏宁通过数字化、智能化技术的赋能，及时洞察并响应消费需求变化，最终针对智能家居版块推出了自有品牌——苏宁小 Biu，并得以在这一新兴市场中占据一席之地。

相较于原来向上游定制的自主产品，苏宁小 Biu 这一自有品牌的开发从一开始就深刻融入了数字技术，并据此对自有品牌的机制逻辑进行了全面的升级。不同于以往依赖于经验判断的产品概念形成，苏宁小 Biu 的品牌开发与产品设计依托于苏宁所拥有的海量且多维度的消费数据，通过大数据算法的迅速分析与精准识别，能够更为敏锐地找到可能的目标消费社群。具体而言，苏宁小 Biu 这一品牌主要瞄准那些追求生活品质提升，同时注重性价比的消费者。因此，为了更好地满足目标消费者，苏宁小 Biu 的产品除了在外观设计等因素上结合消费偏好标签做出调整等，更为重要的就是达到"高配平价"。这一定位的背后是大数据分析技术对大量精细化的消费者标签进行的准确划分与整合分析，这在该品牌具体开发的多个产品品类和各种单品上，有着更为鲜明的表现。典型地，2019 年 3 月，苏宁小 Biu 推出了一款采用 1.5 匹变频，并且搭载了智能变频算法和 AI 智能语音控制技术（即用户可以通过"小Biu 智家"手机 App 和小 Biu 智能音箱远程操控）的小 Biu 空调，并将定价控制在 1999 元，节能、智能、低价在同一款产品身上得到了集中体现。这款智能家居产品一经推出，在整个行业中都引起了剧烈的反应。

事实上，苏宁小 Biu "高配平价" 品牌印象的打造，是建立在苏宁对其后端供应链的深化协调和全面优化这一基础上的。对于上游生产厂商而言，一方面由于传统家居市场的竞争愈发激烈，但另一方面由于新的智能家居形式在具体需求上更难以把握，使其很难找到合适的契机切入，而通过与苏宁小 Biu 这类由具备一定规模和实力的大型零售商所推出的自有品牌合作，为解决上述问题提供了新的可行思路。

如今，苏宁小 Biu 完成了在影音显示、生活电器、智能数码等多种单品上的全覆盖，形成了不断丰富的多元化产品矩阵。苏宁也在实践中不断思考并摸索着对这些产品的全面打通，从而实现全场景乃至全生态的智能化。为此，2018 年 9 月，苏宁进一步提出了智能家居战略合作计划，即 Biu + 战略，通过将不同产品都嵌入搭载了苏宁智能大脑 BiuOS 系统的芯片，从而使得用户可以通过小 Biu 智家 App、苏宁小 Biu 智能音箱等在不同场景内实现所有产品的连接和控制。这一过程既包括苏宁自己的品牌，也包括大量其他的合作品牌，截至 2020 年 4 月，BiuOS 系统已经接通了超过 130 个品牌、5500 多个智能硬件产品，苏宁自有品牌产品对于用户的价值和意义也通过这一互联网络得到进一步的提升。与此同时，苏宁还结合在音视频、图文、本地生活和产品服务等多方面的丰富内容资源和服务，通过智能家居产品的硬件搭载，打造独特的用户服务生态圈。以小 Biu 智慧屏作为硬件支持的生态圈为例，用户如果在收看内容的同时看到了心仪的商品，就可以在智慧屏中直接进入苏宁易购的商城进行商品选购。甚至，也可以通过小 Biu 智慧屏中设置的本地生活频道，挑选 5 公里范围内苏宁小店的在售商品。这种全渠道、全产品的互联互通深刻体现了长期以零售商角色开展活动的苏宁所积累的经营经验和资源优势，极大地推动了依托数字化技术的自有品牌零售的机制创新，在为自有品牌发展创造出更广阔空间的同时，也实现了自身商品经营效率的提升。

与苏宁小 Biu 不同，苏宁极物是苏宁自有品牌中主打非家电产品的部分。苏宁极物创立于 2017 年 7 月，并于同年 12 月正式在苏宁易购上线。尽管在一些情况下，苏宁极物也会与头部品牌、"网红"品牌合作，"甄选"一些其他品牌的高品质商品进行售卖。但其主要模式仍与苏宁小 Biu 的思路类似，利用消费大数据、用户反馈收集和市场调研等手段推出大量以满足消费者个性化需求为目的的自主产品，并与上游知名品牌的代工厂合作，最终通过苏宁的物流体系、门店和销售渠道完成商品的经营与销售。例如，在苏宁极物通过分析消费者需求数据而推出成人乳胶枕后，销售人员发现有消费者表示出对于婴儿乳胶枕的需求。随后通过大量的用户反馈收集和分析，团队意识到了在乳胶枕市场上，由于部分消费者对产品的技术和品质有更高的要求，因而存在着巨大的市场空缺。于是，苏宁极物迅速找到了上游公司，针对用户实际需求，与上游工厂进行了几十次反复沟通，不断优化生产及设计方案最终打造出一款兼具枕头和爬爬垫功能的乳胶婴儿趴趴枕。在生产环节，苏宁也对产品设计、产品尺寸、用料等每一道环节进行了严格把控，保证了生产的质量和效率。苏宁极物的产品已经涵盖了家居生活、厨房用品、旅游出行、美妆洗护、个人护理等多个品类，成为苏宁自有品牌系列的重要组成部分。

值得注意的是，数字化零售并不是简单地将渠道"搬到"线上，而是在数字技术的支持下，通过不同渠道资源的默契配合，最终使零售商以更高的效率完成其媒介供需、匹配生产与消费的本质职能。苏宁作为同时拥有线上和线下零售网络的零售企业，其自有品牌的建设充分体现出这一规律。首先，从信息的汇聚和反馈来看，商情信息是自有品牌零售机制成功的关键优势。零售商不仅可以基于在线化的交易获取大数据，线下实体门店更一直以来都是其获取真实数据和消费反馈的主要渠道。这是由于线下门店能在实体空间中通过连锁复制的方式广泛铺开，直接扩大信息获取的范围，也能在与消费者面对面的双向互动中获取更为丰富的"软"数据，并且，数字化支持建立的会员体系和消费者持续追踪等手段更是提升了商情信息获取的效率与规模。其次，从品牌成长的过程来看，相比于大型制造商或品牌商产品，零售商的自有品牌往往面临着更为复杂的品牌推广过程，尤其是其交易转化率会遭遇更大的风险，线上与线下渠道的全面融合则为这一难题提供了新的解决方案。在线上，可以通过"千人千面"的算法推荐，实现消费者的精准触达；在线下渠道中，则可以充分利用场景化体验、门店服务优化等手段，促进真实交易的发生。

具体而言，在苏宁的实践中，苏宁小 Biu 系列产品不只拥有苏宁易购这条线上渠道，也入驻了天猫、拼多多等其他电商平台，而在线下则以"小 Biu 智家体验馆"的形式为消费者提供了更为丰富的场景化体验。通过将整个线下门店设计成客厅、阳台、厨房、卧室等不同的场景房间，并可以使用小 Biu 音箱操控全屋搭载了 BiuOS 系统的电器，从而以场景体验的方式展示产品，以生态体验的方式了解产品，在给消费者真实直观感受的同时，也提升了流量的实际转化率。苏宁极物的发展历程更是清晰地体现出线下场景体验和线上购买相结合的全渠道布局思路。在线下，苏宁极物主要嵌入在苏宁自有的购物中心或生活广场中，以 SKU 超过 10000 个的旗舰店、SKU 超过 3000 个的标准店和 SKU 超过 2000 个的甄选店这三种店面形式开展经营，通过充分结合不同商圈的消费需求，针对性地选择最适宜的店面形式和产品组合，使消费者能够更好地完成商品选购并享受充分的场景体验；在线上，消费者也可以在苏宁易购、天猫、拼多多、微信公众号等线上销售渠道随时下单购买苏宁极物的产品。

第三节　数字化零售"智"造：C2M 业务模式

事实上，在数字经济时代，自有品牌零售机制的创新本质上都是零售主体依托数字化技术，通过终端渠道位置和数据资源等优势的强化，最终以真实消费需求反向主导上游供应链整合和柔性化重构的过程。在实践中，C2M（Customer to Manufacturer）即"用户直连制造"模式的概念受到社会关注。不同于厂家直销等上游品牌商或制造商对下游渠道的整合，在数字化情境中以零售商自有品牌机制创新而实现的 C2M 模式，在更为广泛的意义上来说，体现着由零售到制造整个供应链的全面升级。

虽然在传统工业经济时代，C2M 的概念也曾被提及，但实际上只有在数字化情境下，符合定义的 C2M 模式及其背后蕴含的巨大价值才能真正实现。这主要是因为 C2M 的实现需要以下两个重要环节的支持：

一是对于消费需求的精准识别和快速反馈。这意味着，不仅是要较以往更加关注并强调极具代表性的消费者的意见和设计参与，如意见领袖等，更要强化普通的个人消费者以大数据信息提供的方式，参与到产品设计与品牌开发的过程中。二是要通过供应链的数字化升级，不断提升柔性化程度，并快速响应消费变化，从而提升供给结构与需求适配的灵活性和准确性。在没有数字化技术的支持下，这两个过程很难实现。数字化技术赋能下，零售自有品牌机制则成为 C2M 模式的可行路径，并最终推动着以零售制造方式构建的供应链整体的数字化"智"造升级。可以看到，这一过程也再次论证了本书在理论篇所指出的，数字化情境并不改变零售作为社会再生产系统的有机组成部分所承担的媒介供需这一本质职能，而是推动着零售运行机制的优化甚至是重构。

具体而言，一方面自有品牌的产品设计会通过消费大数据的积累和分析，深入洞察消费需求，精准把握用户痛点。例如，在开发苏宁小Biu 第一款产品"小 Biu 冰箱"时，对冰箱容量的确定就经过多次讨论，最终决定根据一手消费数据的分析结果作为决策的主要依据。在确定了 468L 的容量后，苏宁内部的数据分析系统也计算出这一容量的冰箱的目标消费人群主要集中在三四线城市，极大节约了企业在搜寻、匹配消费者时不必要的资源浪费，大大提升了商品的匹配效率。除此之外，消费数据的积累还将会用于每一款产品背后消费者的画像分析，甚至是预测产品未来的变化趋势，从而在从设计到生产再到销售的各个环节都能优化对自有品牌产品的规划。另一方面，苏宁的自有品牌开发过程也离不开苏宁作为零售商在渠道中长期积累的供应商资源、与品牌商的合作关系。这使其能接触到优质的代工厂资源，甚至能够在数字技术的支持下创新变革供应链，实现深度合作的零供关系，从而优化对消费需求的实际满足能力，并使商品质量得到较高保障。

第四节　总结和展望

2017 年，苏宁控股集团董事长张近东提出"智慧零售"理念，明确了全渠道融合、全产品运营、全客群服务的转型发展之路，苏宁自有品牌则将自己定位为苏宁智慧零售的"先锋官"。通过多年发展，在经历了从自主产品到自有品牌初创再到内容和范围不断延伸的自有品牌建设后，自有品牌成为理解苏宁数字化零售布局的关键视角。这是因为数字化支持的自有品牌是零售业深度自营的关键表现，也是零售媒介供需的本质职能在数字化这一新情境中实现发展与深化的集中体现。苏宁的自有品牌建设，包含着苏宁自身对零售商角色的深刻理解，也体现出数字化零售最为关键的发展趋势，即以需求逆向主导生产进行适应性重构，从而推动供应链整体发挥更大的能动性。

从苏宁更为整体的零售数字化升级和数字化赋能来看，最重要的两块版图包括：围绕用户需求进行数字化全场景体验及营销的"用户云"，以及通过供应链数据对接服务而将用户、场景和商品进行高效匹配的"供应云"。这些均体现了零售在连接生产与消费之间的重要作用。除此之外，还包括依托物流基础设施建设及数字化技术保障运营效率的"物流云"。其极大优化了苏宁的物流体系，巩固了自营业务的服务质量，而且通过向社会开放，持续对外输出物流能力。还有围绕金融服务能力的"金融云"和基于大数据驱动的数字化精准营销的"营销云"，共同构成了当前苏宁最为重要的数字化零售布局图谱。

2020 年，在苏宁三十周年庆云发布会上，苏宁易购集团副总裁顾伟表示，在未来十年，苏宁将把自营产品深度定制单品比例提升至25%，不断强化自有品牌的覆盖范围和响应效率。未来，自有品牌仍会继续支持着苏宁零售"智"造模式的发展与深化，不断推动着苏宁以零售商角色在渠道中的深耕。

第八章

数字化升级和零售业深度自营转型：京东

正如本书实践篇指出的那样，由于资金实力、市场经验积累等经营基础的薄弱，我国零售企业在流通体制转轨和外资商业激烈竞争的背景下，普遍选择了经营风险较低的联营模式以求得生存。也正由于这种特殊的历史原因，在我国零售业的发展进程中，零售企业是作为商品转售者的"商人"存在，还是作为交易空间提供者的"销售市集"存在的问题，亦即自营和联营的模式选择争论，一直在理论和实践层面备受争议。特别是在当前数字化零售创新的趋势下，由于互联网技术等带来的虚拟交易空间的放大和无处不在的广泛连接，平台经济与互联网经济相伴相生，电子商务平台逐渐成为零售数字化转型的重要组成部分，纯粹的电商平台更是成为联营模式在数字经济时代中的新表现①，零售业自营和联营的争论也在数字经济时代继续出现并不断发酵。尽管电子商务

---

① 这里所说的"纯粹的电商平台"是指不以自有资金实际参与商品经营过程或承担商品经营风险，而只提供交易场所的电商平台，最典型如阿里巴巴。而在实际生活中，有些企业虽然我们也将其简单称为电商平台，但事实上他们是自营式"商人"角色与联营式"平台"角色的结合体，最典型如京东。

平台随着发展深入，对平台上其他群体的影响和支持越来越丰富，因而表现出与传统联营模式不同的特征，但其仍然并非商品经营职能的实际承担者。甚至，许多自营式电商也因流量不足、经营风险高等问题，采取了不同程度的平台化转型措施来缓解经营困难。但数字技术的广泛应用和发展则为上述的自营式电商提供了一种不同于平台化的新发展思路，即通过数字化升级重塑自营能力，甚至实现深度自营。

京东的实践是这一思路的实际应用。从 2004 年开始，京东正式进入电商领域，主要以自营模式开展 3C 产品的经营，2008 年正式完成 3C 产品的全线搭建。2010 年，京东图书产品上架销售，逐渐实现向综合零售商的转型。经过多年的发展，京东的业务已经拓展到零售、物流、云计算、AI 等多个领域，并以零售、数字科技、物流、技术服务作为核心业务的四个版块。2019 年，京东的市场交易额达到了 2 万多亿元，同年 8 月，入选科技部国家人工智能开放创新平台名单，体现了其在推进智能供应链建设发展中的充分探索。

在京东的零售业务活动中，为了配合其商品经营业务并建立"自营"模式的竞争优势，京东很早期就将自建物流作为核心的战略布局，并投入了大量资源。2010 年 3 月，在当时物流服务速度普遍有限的情形下，京东已经推出了"211 限时达"极速配送服务，2013 年 5 月又推出"夜间配""极速达"等服务，2017 年 4 月成立京东物流子集团。近年来，随着数字经济的发展，京东充分利用其作为互联网企业的先天优势，将数字化全面升级作为新的核心战略。2019 年，拥有 3 亿多活跃会员的京东商城进一步升级为京东零售集团。

2019 年 3 月，作者对包括京东公共战略研究院、Y 事业部供应链创新中心、京东自有品牌及大数据中心等在内的相关部门负责人进行了一次集中的半结构式访谈。此外，本章的内容也充分结合了案例企业在公开渠道上发布的数据信息。在后期开发与撰写案例的过程中，作者也持续跟踪了最新情况，对案例数据进行补充与修正。这些共同支撑了本章的案例分析。①

第一节　全链路数字化升级与深度自营的价值挖掘

自营零售模式由于需要承担商品经营风险，对于商品交易过程的完成质量要求更高。尤其是将自营业务置于互联网和电子商务情境中时，尽管商流成本会因为互联网对传统时空边界的突破和对信息不对称程度的减弱而大大减少，但物流活动却不能在投入上进行克扣，甚至需要更大的发展。同时，由于消费者追求网上购物的便利性，不再到店消费，"最后一公里"的物流活动承担者由消费者转移到企业，物流对于 B2C 电商来说变得更为重要。

也是由于这个原因，当时以自营业务为核心的京东商城，考虑到外包物流难以保障服务质量以及要区别于平台式电商建立自身的竞争优势，在 2007 年营业收入不足五亿元时，就下定决心自建物流体系。从结果上来看，高水平的物流服务质量在京东的快速成长过程中发挥着极

---

① 需要向读者说明的是，本章涉及的数据信息或为企业公开发布，或为作者在前期合作中征得企业授权允许发布的内容。而本章涉及的理论思考，则仅代表作者个人观点，不代表企业观点。

其关键且特殊的作用，但也使企业承担了由大量重资产投资所带来的成本和风险。京东为优先保证自营产品的配送速度所采取的单向物流体系，成本极高且难以自主盈利；而同时，日益成熟的第三方物流和逐渐兴起的菜鸟快递等新力量，利用数据算法的优化规划，大大提升了社会总体物流效率，这些促使京东必须思考新的升级思路。作为电商企业，京东敏锐地把握到了快速发展的数字技术在物流降本增效乃至供应链全局优化中的关键作用，开始了全面的数字化升级战略布局。

京东作为自营式电商，其数字化零售始终要以消费需求洞察为核心。由于能够亲自参与到商品经营和客户交流等活动的"一线"，自营业务可以为企业带来全维度的消费数据和深层次的用户积累。为了获取更多客户资源和流量，京东也采取了全品类扩张和平台化开放手段，这使企业获取了更多消费数据的补充。近些年来，通过与腾讯、今日头条、百度、网易等大型流量及社交平台企业合作，京东积累了远超购物行为之外的全域消费数据。由此，京东搭建了具有数据采集处理、任务运维调度等丰富功能的大数据平台，还推出了"无界营销""营销360平台"等工具，在精准捕获了更多消费需求标签的同时，还做到了真正结合具体的零售场景进行精准投放。

然而，数字化升级虽然以"识人"为起点，但对于连接"人"与"货"的"场"来说，响应需求的能力与感知需求的水平同样重要。因此，对供应链的承载和分析能力进行全链路的升级有着重要的作用。这不仅需要在硬件上不断提升能力，也需要软件上将其"匹配"得更为高效。从标准化软件开始，通过自主研发京东商智、数据管家、赛马系统、北斗云等一系列工具，极大提升了自营商品从采购到销售全流程的运作及协调能力，还能通过对外开放一部分平台，对第三方商家和更多的经销商、供应商进行赋能。值得一提的是，相比纯粹的平台式电商，京东凭借自营业务，在供应链上有着更长期的深耕，拥有更稳定和更密切合作的核心供应商，在推进供应链数字化升级上具有一定的先天优势。同时，由于亲自参与供应链活动，京东对于其中存在的痛点、难点也能进行更好地把握，在规划数字化技术应用方向上，能够与业务逻辑实现更好地结合。更为重要的是，纯粹的平台式电商在对入驻的经营主体进行数字化赋能时，通常包括提供技术工具、内部交流、数据分析和管理上的服务等内容，而京东的数字化赋能还可延伸到供应链层面的开放和对接。

对京东供应链的数字化升级，可以通过"非现货履约"和"反向定制"这两个缩影实现更深入的认识与理解。非现货履约是京东从2018年"双11"开始正式推出的一种尝试。京东的数字化系统通过与上游供应商的全面打通，能使上游供应商获取京东的采购计划和商品需求信息，使其在算法支持下根据曝光次数、点击率、收藏率等多指标预测，提前协调生产，京东也能更精准地确定商品采购和运输的提前期。由此，京东作为自营零售商也可上架"非现货"产品。而相比以往的预售模式，其速度更快且精度更高。在部分自营商品上有所尝试的同时，京东也将这种模式开放给了京东在其开放平台上的品牌商家。正如京东所言，"关键在于必须要实现整个过程可视化，系统可见到可卖，才能够走得更前"。即要结合供应链两端的感知能力和控制能力来升级。C2M反向定制模式则是京东推出的针对厂家新品开发与上市销售的系统化解决方案，它能根据京东大数据分析的消费洞察形成详尽的需求报告，而后通过推出的新品仿真测试平台等手段进行深度仿真试投，进而帮助厂家研发和组织生产，并通过京东众多的营销场景和营销工具精准触达目标客户群体，最终实现产品生产与真实消费需求的全面精准匹配。

除此之外，京东也实现了对自有品牌的更多探索，这是在其数字化升级中，更深度挖掘自营业务潜在价值的集中表现之一。其实早在前几年，京东独立运作的五大自有品牌已经受到社会关注，但是由于自有品牌的开发面临着更复杂的需求识别、产品开发、供应链的组织与协调等难题，而京东当时没有给出明显的资源倾斜，因此一度缺少突出成效。近年来，为了提升在供应链中的主动权并扩展利润空间，京东重新瞄准了自有品牌领域。与之前不同的是，现今的自有品牌开发体现出对数字化的全面应用，包括基于消费大数据洞察的产品设计与开发，以及通过数字化供应链的打通，形成由零售到生产的全程联动。尤其是在供应链上，由于在长期的自营业务中积累了优质的品牌商和供应商资源，京东在建设自有品牌上有更明显的优势。供应商可以对京东分享自身的供应链和生产能力，京东为其提供线上流量和丰富销售场景，彼此实现了共赢合作。而在产品销售及商情信息反馈上，京东会将自有品牌产品先投放于事先拟定的"试用池子"中，收集核心用户的评价与反馈，并进行销售模拟，不断完善产品的设计、生产与销售策略；后期则持续基于真实的销售交易数据和用户反馈等商情信息的整合与分析，及时调整产品策略。总体来说，京东的自有品牌探索体现了自有品牌零售机制在数字经济时代的全面升级。2018 年 8 月，京东集中公开亮相了八享时、初然之爱、Hommy、佳佰、INTERIGHT、LATIT、京选、京觅八大自有品牌，涉及食品、母婴、家居、日百、服饰、箱包、家电和生鲜等多个品类。

第二节 从线上到线下：京东数字化升级的"落地"

除了 B2C 电商模式之外，京东的数字化升级还体现在从线上到线下的"落地"，以推动更具整体性的线上和线下商业生态建设。其中，京东到家、京东新通路与京东 7FRESH 就是三个典型实例。

京东到家是京东从线上到线下布局的重要举措之一，提供着平台的服务，也发挥着赋能的角色。2015 年，京东推出了 O2O 生活服务平台，主要与头部商超合作，打造"线上下单、线下配送"的到家模式。京东到家模式充分结合了京东的数字化能力、流量资源和物流体系优势，以及线下大中型实体零售商的门店和品类优势，并通过信息系统和数字化手段的全面接入，实现了库存可视化和订单即时传递等。目前，京东到家提供超市到家、外卖到家、品质生活、上门服务和健康到家等多类服务。为了降低产品配送成本并保证配送能力的稳定，打破因"最后一公里"物流成本而使单个订单难以盈利的难题，京东还与同城即时配送服务平台"达达"合作，于 2016 年 4 月合并为达达—京东到家。如今，京东到家在"到家业务"的基础上，还基于长期从事自营零售业务的经验，针对线下零售商转型升级能力不足的问题，推出流量赋能、履约赋能、用户赋能、门店赋能和商品赋能等全面的赋能体系。

　　相比之下，在线下零售场景中，我国零售业整体的规模化程度有限，并且，零售企业较为分散，一般都以区域性零售商为主，缺乏全国性零售商品牌，大多以中小零售门店的形式而存在，尤其是在三线及以下的城市，存在着大量的"夫妻老婆店"等形式的零售小店。从这一业务的需求来看，传统"夫妻老婆店"所覆盖的市场是自营式电商的经营模式较难以覆盖的地区，当地的消费者本身又表现出既有零售体系难以满足的消费需求。

　　京东新通路就是在市场上对大型零售商的合作资源的竞争愈发激烈的情形下，推出的针对中小零售门店的升级和赋能合作方案。一方面，小店本身不仅在最为核心的"货"上有明显的痛点，即难以获得优质、稳定的供货资源，而且在店铺经营能力和店面运营上相对也表现出低效率的特征；另一方面，对于更上游的品牌商或中小经销商、批发商而言，也面临着渠道难以下沉、对下游分销体系控制薄弱以及覆盖区域难以有效铺开等一系列问题。

　　京东新通路本身就是希望通过技术支撑的全面改造和升级，在解决"老"痛点的同时，也不带来"新"痛点。首先，京东推出了 B2B 订货平台"京东掌柜宝"App，使中小门店店主也可以获取品类齐全的优质货源，甚至直接接入京东自身的供应商网络。明显地，直接进行供应链层面的资源对接和赋能是京东基于其自营模式所具备的独特优势。京东还于 2018 年推出了联合仓配体系，通过将京东的自营物流体系优势和中小经销商、品牌商、批发商等现有的仓配资源共同接入新通路的平台，从而建立联合仓，并结合不同商品的最合适配送方案为周围小店提供配货。除此之外，京东新通路还逐步推出了帮助品牌商识别产品全链路流向的慧眼大数据系统、保证终端资源投放有效性的行者动销平台、帮助门店更好管理的智能门店系统，以及地勤管理系统、门店标签系统、京东便利 GO 小程序等一系列工具及方案，驱动技术赋能的日渐精细化，并形成了包括投放、分销、到店、到家等多个环节在内的完整的 B2B2C 数据链条。

相较于上述两个数字化赋能的战略，2018 年推出的京东 7FRESH 则是试图打造线下智慧门店，通过融合线上自营式电商的经验与优势和线下门店的服务体验优势，通过更好地"知人""布场""识货"等，全面优化零售的"人、货、场"逻辑。尤其体现在对实体场地优势的充分结合。比如在"知人"上，可以利用门店智能设备捕捉消费者购物行为和动向；在"布场"方面，可以通过门店热力图分析、智能结算手段、智能购物车、自动扫描感应二维码；在"识货"上，则可以通过显示商品溯源等详细信息的"魔镜"系统等数字化应用提升购物服务体验。

第三节　总结与展望

从数据基础设施和数字化算法的构建以形成数字化升级的基础算力，到数字化能力在具体的业务场景中的应用以实现全链路数字化效率提升，再到构建多主体参与的数字化生态，京东不断实现着数字化的升级。并且，与许多纯粹的平台式电商不同，自营式电商的数字化升级有着较明显的独特性。在进行数字化变革时，自营式电商更关注数字技术支持下深度自营的发展，尤其表现为供应链的全面优化和自有品牌开发等机制的探索。并且，在其以数字化平台、数字化服务提供商和数字化赋能者的身份将数字化能力"移植"到更多企业的过程中，也充分体现出零售电商长期自营所形成的供应链资源优势和基于对商品经营业务逻辑的深刻理解而产生的独特优势。

对于京东来说，正是数字化所支持的深度自营，与全面深化的供应链、物流等优势，使其在 2020 年抗击新冠肺炎疫情期间，在满足居民消费日常需求等方面发挥着重要作用，同时也在社会扶贫、创业增收等问题上积极承担起相应的社会责任。早在 2015 年，京东就启动了农村电商战略，利用其在供应链、物流和技术等领域的能力，将流通环节作为切入口，以打造完整的产业链、供应链为目标，助力农村产业的发展。

例如，利用其渠道优势，京东通过设立扶贫频道和开设各级扶贫特产馆等方式，帮助贫困地区的产品能与更大范围的社会消费力相对接，尤其是利用物流体系和基础设施优势，通过推进物流体系下沉和升级（如"千县万镇 24 小时达"时效提速计划等），帮助解决了贫困地区流通基础设施不全的现实阻难。京东也通过成立青年电商孵化中心、开展农村电子商务培训、开放物流等岗位，推进创业与就业扶贫。从 2016 年开始，京东还充分利用其在供应链上的关键优势，从各个环节介入，进行全产业链的赋能，打造了如跑步鸡、游水鸭等诸多绿色农产品项目，形成京东自有扶贫品牌矩阵，构建扶贫产业带。以京东在陕西打造的苹果产业带为例，京东结合当地苹果产业现实需求，与区域龙头企业成立"京东云数字果业联盟"，以搭建苹果产业大数据平台的方式，最终实现由需求精准带动的供给侧升级。2020 年，京东提出了由扶贫到奔富的"奔富助长计划"，这种"流通扶贫"的模式成为京东未来数字化生态布局的关键环节，同时启发着零售企业思考和探索更好地发挥数字化零售背后广泛的社会经济价值的方式。

第九章

数字经济时代与国有零售企业转型创新：超市发

在流通领域的市场化改革中，国有资本逐步实现了有序进退，流通体系向着统一开放、竞争有序的格局稳步前进。然而这并不意味着流通领域与国有资本不相容。作为商品交换关系及行为的集中领域，流通一直是影响商品价值实现、社会财富分配和经济利益关系的敏感而重要的领域。前述实践篇中已有涉及，在社会主义市场经济体制下，国有资本的重要地位不言而喻。一方面，在一些重要的粮食、烟草等特殊行业需继续发挥政府和国有资本的关键作用，另一方面，在更多的竞争性领域，国有资本也需积极承担政府储备、稳定物价、应急保供及创新示范等社会责任和宏观职能。当然，除了宏观职能的承担之外，为了在市场竞争中取得优势地位，国有企业也需在微观效率上不断实现突破。尤其在竞争更为激烈的零售环节，市场竞争效率的实现可以说是企业的立身基础。在数字经济背景下，越来越多的零售企业将数字技术视为效率提升的手段。与其他企业主体一样，数字经济时代对于国有零售企业来说既是挑战，也是机会，但在其效率提升的过程中，国有资本独特的职能约束要求和资源特点不容忽视。

北京超市发连锁股份有限公司（下称"超市发"）是全国著名的超市连锁企业、中国连锁百强企业，也是为数不多的100%国有的零售企业。超市发成立于20世纪50年代，前身是北京市海淀区副食品公司。1999年，身为国企的超市发进行了股份制改造，国有资本比例降低。但在2016年，企业又重回全资国企的身份，既积极参与市场化竞争，又主动承担国有企业的社会宏观职能，实现了微观效率与宏观职能的平衡与兼顾。一方面，作为国有零售企业的代表，超市发始终承担着国有资本的社会责任，例如在2020年抗击新冠疫情期间，超市发在保证北京市物价稳定、满足社区人民基本生活需求、关键物资储备上，做到了"没有一个商品断货、没有一个商品暴利、没有一名员工感染、没有一家门店关门"，从疫情前到疫情后期都体现出国有企业的担当；另一方面也在不断探索创新，如到家业务、上线微店、异业合作等，取得了令人瞩目的市场效益。

在数字经济背景下，超市发的实践是理解国有零售企业发展与转型的典型案例。一直以来，超市发立足顾客、扎根社区，以"做一家有温度的零售商"为目标而努力。近年来，面对"互联网＋"和数字经济等浪潮，超市发在坚守核心业务的同时也积极开展了多样化的创新，既通过生鲜商品的前端供应链整合和产地直采等模式，极大提升了门店经营的竞争力，又依托客户画像和社区需求分析等技术进行了对新业态、新形式、新服务等的探索，在承担社会责任和宏观职能的同时，实现了微观企业效率的逐步提升。

2015年4月以来，作者对超市发的企业实践进行了长期的追踪调研，并分别于2015年4月、2017年3月和4月、2019年12月以及

2020 年 5 月对企业管理层进行了多次集中的半结构式访谈，访谈时长总计约 500 分钟，形成有效录音文本 7 万余字。此外，作者还阅读并收集了大量来自企业官方网站、公众号以及新闻报道、通讯时评等渠道的补充材料，包括相关图文资料 87 篇，共 10 万余字。在后期撰写案例的过程中，作者持续追踪企业的最新情况，对案例数据进行了持续补充与修正。这些共同支撑了本章的案例分析。①

第一节　新时代的坚守与创新：扎根社区需求的商品经营

线上渠道的发展虽然是数字经济下零售创新的主要表现之一，但值得说明的是，零售创新却并不等同于完全的线上化。正如前文所述，在数字化创新中零售的媒介供需匹配的本质职能并未发生改变，而仅仅是依托技术变革，其本质职能的实现过程和机制得以创新，从而实现了在媒介供需、质效担保等方面的效率突破。因此，数字化零售创新过程实际上是对企业效率的重新筛选。对于深耕实体门店经营的大部分国有零售企业而言，跟风发展并不熟悉的线上业务可能并非最佳选择，线下的实体交易关系中依然存在着提升企业效率的潜在机会。依托于传统管理经验与数字化技术的结合，企业可以通过多种方式实现供需匹配的效率提升，以应对数字经济时代的各种挑战。以超市发为例，虽然互联网电

---

① 需要向读者说明的是，本章涉及的数据信息或为企业公开发布，或为作者在前期合作中征得企业授权允许发布的内容。而本章涉及的理论思考，则仅代表作者个人观点，不代表企业观点。

商给实体零售带来了冲击，很多传统企业也开始了多种多样"新零售"的尝试，但超市发的董事长李燕川始终认为"零售无新旧，需求有迭代"，只要坚持以消费需求为中心，把握商品管理、门店经营、品质担保等零售活动的核心，实体零售就依然有着广阔的发展空间。

　　首先，零售环节媒介供需匹配的一个重要起点是对需求的识别和把握。只有清晰地洞察目标顾客的消费需求，不断追踪需求的动态变化，才能形成较为准确的顾客画像，进而明确企业的经营定位和发展方向。同时，大数据和信息技术的运用也可以从多方面帮助企业提升对消费需求的洞察力。多年以来，超市发始终将"社区的菜篮子"作为自己的定位，主要服务于"25—55岁、在职、已婚、有孩子的女性"消费者，提供一日三餐所需要的食材和日常生活用品。"社区商业"的定位不仅让超市发明确了所要服务的目标顾客，同时也为深入挖掘和满足消费者的多样化需求奠定了基础。通过锁定门店周围1.5公里范围内的消费者群体，超市发利用开通电子会员卡、建立店长微信群等方式与顾客建立了联系，并对其购物行为、购物心理、购物轨迹等进行了深入分析，形成了较为准确的消费者画像。相比以往，超市发不仅能够更快收集到更为丰富的销售数据和消费者信息，还能对不同区位、不同时段的到店顾客进行更精细化的分析。根据店面位置和不同商圈内目标客群的需求差异，超市发还进行了"千店千面"的尝试，在门店选品、品类管理甚至是店铺布局等方面都进行了差异化调整。例如，若该社群以注重生活品质的高端白领或年轻学生为主，那么对应门店就会提供更多的进口商品、"网红商品"等。随着生活方式的转变，消费者普遍对商品品质有了更高要求。超市发也顺势推出了由自己全程控制的自有品牌，如以生鲜果菜为主的"超之鲜"、以自制熟食为主的"超之味"和以杂品为主的"超之选"，进一步拓展了盈利空间。

其次，匹配供需的另一端是对上游生产的维护和管理。对需求的持续满足离不开长期稳定的供货来源，为此零售企业往往需要与供应商建立良好的合作关系。除了货源的稳定，商品的品质也是影响供需匹配能否成功的关键因素，因此，零售企业还需对上游的商品进行筛选和比较，确保没有不良商品上架。为保证果蔬生鲜等产品的供应，超市发通过与各地的农业合作社进行对接，已经在全国布局了上百个生产采购基地，覆盖了国内大部分区域。基地直采模式让超市发对其商品的品质更有把握，同时也大大节约了流通费用，提升了供应链的响应速度。在商品上架之前，超市发还会对其进行严格的质量检测。"海淀国企、放心品质"是超市发秉承的品牌宗旨，为确保果菜中没有农药残留，企业在20世纪80年代就建立了自己的化验室，并通过建立高比例的"自营"商业对商品的质量进行把控。此外，互联网时代催生了愈发多样化的消费需求，同时也对供应链的需求响应能力提出了更高要求。相比生产者而言，距离消费者更近的零售商对需求动态变化的把握更为准确，因此，零售企业可以积极向上游反馈消费需求，引导生产，甚至建立自有品牌，对供应链进行逆向整合，超市发的自有品牌实践就是一个典型例子。通过建立对部分产品的生产、运输及销售的全面控制，超市发进一步提高了企业效率，同时也提升了其在供应链中的地位。

最后，数字化技术的运用提升了零售对供需进行匹配的效率。除了前文提到的大数据帮助企业精准识别消费需求之外，数字化技术可以为企业零售创新的方方面面提供支撑。在采购选品方面，传统只根据商品的历史销售记录或者管理者经验进行选品和采购的方法往往缺乏准确依据，难以把握消费者的真实需求，容易出现单品采购过量导致库存积压或者采购过少导致错失市场机会的问题。而信息系统和数据技术的运用则为采购选品与分销决策提供了以消费者真实需求为基础的更有效的决策依据，同时，通过共享共建信息系统等方式也可以大幅提升供应链的效率和响应速度。以超市发为例，各个门店每天都会通过自动订货系统向配送中心下达次日的订单，经由信息系统对相应品种、规格及数量等信息进行集单、分解等处理之后，将结果汇总交至各个供应商负责人，最后由配送中心的专门车队于次日一早将商品送往各个门店。另外，在数字经济的背景下，依托于互联网的互联互通和数字技术的发展，物流体系的效率也得到了大幅提升。由于连锁门店基本分布在北京至张家口沿线，超市发自建了物流团队和配送中心，并通过实践"双向物流"模式降低了成本。而为了提高车辆管理和物流管理水平，超市发应用了GPS定位系统等技术，实现了对车辆的远程监控，并通过对配送路径的合理规划有效地降低了物流成本。

综上，数字经济时代的零售创新并不会改变零售的本质职能，在扎根社区的零售经营实践中，超市发始终围绕顾客需求，追求供需匹配的效率提升。正如李燕川所说：

这个年代，不是最好的年代，但也不是最坏的年代，而是一个围绕着顾客的需求重组重生的年代，要踏踏实实静下心来研究顾客，研究如何满足这些顾客的需求，回归零售本质。

第二节　数字经济下的盈利创新：差异化经营与多样化服务

随着数字化零售创新的不断发展，不论是在理论还是在实践中，一个愈发被普遍接受并不断被证实的观点是，相较于互联网线上零售依托虚拟空间对时空边界强约束的突破，线下零售也可以借助实体空间在物理层面的优势，发挥甚至重构在即时性购物和服务体验上的独特优势。事实上，零售活动虽是以商品经营为核心，但除了出售商品之外，零售商还会提供一系列服务，如品类服务、区位服务、信息服务等，力图满足消费者的需求。超市发在经营活动中也意识到，简单的商品经营无法满足消费者全方位的需求，为了进一步扩展盈利空间，还需在门店管理、服务提供等方面进行创新。

首先，超市发以"千店千面"的思路对门店进行了差异化经营。"千店千面"的目标是在 2016 年提出的，也是超市发为应对市场需求的变化而做出的调整。具体来说，"千店千面"是根据门店所在商圈的特征不断调整商品结构、服务方式以及进行业态创新。为此，超市发会开展多种形式的定期市场调研，了解社群常住家庭情况和购物习惯，掌握其购买行为变化等。不同于传统零售商主要依据年龄、性别等对社群进行的简单划分，超市发会综合考虑消费者心理取向、购物行为等多种维度，量体裁衣地进行门店规划，从而在一定程度上突破了以往的批量式、标准化的门店复制逻辑，实现了"千店千面"。如超市发的学院路店，不同于以往标准化的模式，考虑到其周围有多所高等院校，超市发将其打造为更具特色的科技时尚店，不仅有便利高校师生日常生活需求的自助收银、自助打印、自助照相、自助洗衣、自助回收手机等九大自助版块，在商品结构上还增添了更多如宿舍用低压电饭锅、沙拉、现切水果、袋装休闲食品等贴近消费者需求的产品。再如超市发玉泉路店，考虑到周围小区有许多不方便做饭的老人，超市发专门将门店划出一部分面积用来提供老北京小吃、包子等熟食，并提供送货上门服务。深耕社区是超市发的立足之本，根据不同商圈的消费者特点，超市发进一步将其社区店划分为精品超市、生活超市和生鲜店等细分类别。其中，精品超市主要布局在以高收入人群或年轻学生群体为主的区域，在商品和服务的提供上会更加强调品质和便利，而生活超市、生鲜店则更加强调新鲜、低价，主要以中老年人群为目标客户。为了把握消费需求的变化、吸引更多年龄层的顾客群，超市发在 2017 年与罗森合作，推出"超市发罗森"便利店，由此开始了对便利店业态的尝试，也进一步形成了"超市+便利店""便利店+书吧+茶饮+鲜花"等复合业态模式。现在超市发的门店不再仅仅是购物场所，而是集社交、购物、休闲娱乐和享受服务等于一身的场所，可以满足消费者全方位的生活需求。

其次，超市发也在其门店经营过程中积极开展了服务创新。例如，超市发在很早以前就引入了快递代收、水电费缴纳等服务，极大地便利了社区周边的老年人群体。除此之外，超市发还将高频刚需的商品与低频的服务相结合起来，推出了"超市发社区 e 中心"，将一些提供衣服裁剪、擦鞋、维修等服务的专业人员"请入"门店中，并对其进行培训升级，在维护店面形象的同时补齐了更多生活服务的缺口。超市发在商品售卖的同时，还会在重要的节日、节气点提示顾客可以选取的食材和做法，且有专门的公众号发送"每日菜谱"等。对很多社区居民来说，超市发不仅仅是一个提供商品和服务的零售商，还是生活方方面面的依靠。超市发以"定位在社区，服务为人民"打造"有温度的零售商"为目标，提出"开好一个店，温暖一座城"。超市发已有60支义工队伍，他们会定期进社区给低保户、残疾人免费送一些东西，为社区里的老人理发，以及免费提供网上问诊等健康服务等，真正与社区居民、居委会建立了密切的联系。这种深入贴近到社区顾客的服务和体验优化，不仅与国有资本的职能约束具有内在统一性，是国企承担社会责任的体现，同时也可以通过培养顾客情感黏性，以情感为纽带拉动需求，最终表现为企业市场竞争效益的提升，这也是电商浪潮下其他企业无法简单复制的核心竞争力。

超市发自成立以来，始终以满足顾客需求为目标，探索差异化经营和服务创新，正如董事长李燕川在2020年所总结的：

超市发是有着六十四年历史的社区商业企业，六十四年来坚持服务，为民而商。二十年来明确企业价值，初心不改。十年来探索经营特色，定位生鲜。五年来创新业态格局，随需而变。三年来坚定发展目标，创新实践。正是有了明确的目标，迈着坚定的步伐前行，一代又一代的传承，一代又一代的奋进，才有了今天的超市发。

第三节　微观效率与宏观职能的平衡

　　超市发通过扎根社区需求的商品经营和差异化经营、多样化服务等方式，积极有效应对着数字经济时代的新挑战，不断实现着效率突破。但作为国有零售企业，超市发也始终不忘社会责任和宏观职能的承担，这一点在 2020 年的抗击新冠肺炎疫情的重大公共安全卫生事件中表现得更为突出。这次突如其来的疫情对包括超市发在内的所有商业企业都是一次大挑战，凭借长期积累的零售经验和扎实的渠道维护和供应链管理，超市发在危机中寻求新的破局机会，打了一场令人瞩目的抗疫保供之"战"，实现了国企宏观职能与微观效率的统一。

　　作为商品交换行为的集中环节，许多潜在的经济关系和社会波动都会在流通领域体现出来。由于经历过"非典"，超市发在疫情大范围爆发之前就已经有所警觉。依靠长期建立形成的广泛的供应商网络，超市发迅速开始了口罩等消杀物资的采购，在大年三十当天采购了"50万只口罩、320 吨粮食以及消毒水、清凉油等物品"，如李燕川所言，"50万只口罩相当于我们 2 年销量，当时确实承担了很大的进货风险，但我们坚信决策是正确的"。商业作为关系国计民生的关键领域，与居民日常生活消费息息相关，疫情期间，一方面消费者对基本生活品的需求激增，另一方面许多供应商拒绝或者无法供货，导致很多商业企业面临着"无货可供"的局面。超市发长期重点关注的供应商管理和维护，以及坚实的供应商网络基础发挥了关键作用。不仅帮助超市发渡过了最初的紧缺状态，而且极大地满足了当时居民对于蔬菜粮油的需求。例如，当时一些供应商虽然不能给超市发送菜了，但是因为平时的供应合作关系好，允许超市发到他们的菜园子里直接进货。此外，由于很多员工因过年而返乡，面对激增的消费需求，超市发迅速召集总部在京员工投入一线门店和配送中心，甚至通过"共享员工"的方式，将因疫情而短暂无法开展经营活动的通讯、餐饮等行业的员工整合在一起，既解决了自身员工不足的问题，也帮助这些人员重新获得收入来源。当然，为了保护员工的健康、避免与到店顾客的交叉感染，超市发不仅给员工提供了必要的口罩、护目镜等防护产品，还要求门店每2个小时就对电梯、卖场地面、购物筐等进行全面的消毒处理。在整个疫情期间，超市发重视保证员工的物质条件，也十分关注员工的心理健康，李燕川亲手给员工写感谢信，并发放牛奶、鸡蛋给员工增加营养。

疫情期间，超市发作为一家国有零售企业，其对应急保供、稳定物价等宏观职能的承担有目共睹。为保证重要物资的储备和供应，超市发垫资7000多万，协助政府储备了160万袋方便面，还协助代销护目镜、防护服等医疗用品，承担了多种物资的储备和销售任务。在应急保供方面，如前所述，超市发对于供应渠道的长期维护使其在"普遍缺货"的环境下，保证了相对稳定的物资供应。以口罩为例，超市发迅速开通所有国内外绿色进货渠道进行采购，帮助度过了一段艰难时期。4月份之后，由于国外疫情暴发，国外渠道无法保证进货的安全，海淀区政府将一条在建的口罩生产线承包给超市发，让其负责海淀区的口罩生产和售卖。除此之外的其他商品，尤其是与居民基本日常生活息息相关的果蔬粮油等物品，超市发也积极调动所有可用供应资源，基本保持每日进货量在平日的 5 倍左右，24 小时无间断供货以保证社区的需求。在保证商品供应的同时，超市发还发挥了在稳定物价上的示范作用。一方面，面对果蔬、粮食等物价普遍上涨的波动，超市发通过发挥自己在基地直采和双向物流模式等方面的优势，缩减不必要的渠道成本，将菜价、粮价控制在合理区间内。例如，为应对白菜的价格波动，超市发组织员工直赴河北玉田，自己砍菜、分拣、装车配送，将市场上的白菜价格拉回正常范围。除了果蔬，超市发还锁定了包括方便面在内的 36 种基本商品，保证其价格稳定。同时，超市发还发挥国有企业的带头作用，率先向全北京市发出不乱涨价、保证稳定供应的倡议。在社区"封闭式管理"期间，超市发积极探索如何满足居民"足不出户"买到商品的需求。一开始，超市发利用"出摊到小区门口"的方式进行定点售卖，共服务了 22 个社区，包括 1400 余户的 5000 多名社区居民。随后，为了进一步提高效率，超市发通过与各居委会、村委会联系，建立了"接龙订菜——超市发送菜至社区——居民定点取菜"的"无接触式模式"，极大保证了对居民购物需求的满足。与此同时，超市发的每位店长都会运营一个微信群，在群内推送商品信息，也会充分听取居民需求，动态调整第二天的菜品种类和数量。

疫情加速了零售的剧变，对于超市发而言，不变的是顺应市场、紧随需求。在 2020 年 9 月 8 日举行的全国抗击新冠肺炎疫情表彰大会上，超市发被授予了"全国抗击新冠肺炎疫情先进集体"的荣誉称号，也是唯一一家获此殊荣的零售企业。突如其来的外部冲击既给零售业带来了极其严峻的挑战，但也可能使企业通过适应性调整迅速复苏，甚至以此为契机发现新的发展方向。在疫情后期的常态化防控阶段，超市发除了继续通过精准对接解决一些地区的商品滞销问题之外，更将"无接触购物"需求的满足过程进一步转化为适应数字经济、提升零售效率的新机会。这主要体现在两个方面：其一，是通过"餐超跨界合作"开辟新的发展空间。其二，是进行"线上＋线下"的新尝试和新思路。

事实上，很早之前超市发就有"餐超"合作的思路，但当时餐饮企业对此大多呈消极态度，并且由于缺乏一个关键契机，双方都存在动力不足的情况，彼此协调也相对有限。突如其来的疫情则为此也带来了机会，一方面，餐饮行业在疫情期间受到的冲击十分明显，亟须寻求新的发展思路；另一方面，超市发也认为这些餐饮企业的菜肴能帮助吸引更多顾客，丰富其门店的服务内容和内涵扩展。以2020年"五一"期间为例，超市发与眉州东坡、华侨饭店、同和居等企业合作举办了"名厨镇店菜进超市发"的系列活动，取得了非常好的效果。因此，"餐超合作"这种模式也以此为契机而固定并发展起来。超市发已经引进了花家怡园烤鸭、北京宴熏鸡等六十多个商家或品牌，在一些门店专门开辟出场地给这些餐饮品牌设立专柜，让其长期在超市发门店中进行售卖。

线上业务的布局是超市发在疫情期间的新尝试。虽然之前超市发也与京东到家、美团等第三方有合作，但由于缺乏专业技术人才，线上业务没有经验等原因，超市发始终坚守发展和布局线下门店的核心思路，董事长李燕川也曾多次表示："很多时候，给电商机会是因为我们的实体店没有做好。"然而疫情的冲击让超市发开始更有意识地思索"线上＋线下"布局的可能性。例如，为了满足疫情期间"无接触购物"的需求，超市发上线了"超市发鲜到家"的微店，主要以生鲜商品为主，顾客可以在线上选购商品，再到门店自提或要求配送，同时超市发也与美团、饿了么、京东到家等进行渠道合作和推广销售。再如，超市发还推出了"冷鲜自提柜"，更好地满足了生鲜的保鲜需求，解决了社区居民关于生鲜订购的顾虑，也为其发展"线上＋线下"提供了更好的基础。当然，超市发也意识到，做线上不仅需要一个高水平的网络技术团队，更由于线上与线下许多商业逻辑等存在区别，也需要专业化的、有经验的线上运营团队，因此，为巩固线上业务的发展成果，超市发也十分注重专业人才的招聘和培养。

第四节　总结与展望

作为国有零售企业，超市发的国有企业品牌优势在一定程度上为其提供了声誉和品质背书，同时，超市发不断进行零售创新的尝试，提升自身效率，进一步反馈宏观职能的承担。基于持续、细致的顾客需求分析，超市发的商品经营过程不断优化。依托渠道专业化优势向上游进行延伸，最终主导产业链的关键环节。超市发利用产地直采、基地直供，以及建立自有品牌等方式，实现了商品供给对消费需求的更好满足，从而推动了供应链层面的微观效率迭代。产业链环节的延伸和数字化技术的应用不仅强化了企业的效率提升机制，同时在更好地承担维稳保供、物资储备等宏观职能方面具有积极意义。由此，超市发的案例已经体现出数字经济背景下，国有零售企业在职能约束与效率突破之间正向反馈的充分可能。

　　从根本上来说，国有流通企业乃至国有企业的改革并不意味着简单的民营化，也不意味着国有资本从竞争性领域撤出，而是应该更集中于增强国有经济活力的同时放大国有资本的功能，根据不同行业、不同领域的要求实现宏观职能与微观效率之间正向反馈机制的建构。为迎接数字经济时代的挑战，国有企业一方面可以通过拟似"民营机制"式的企业经营模式，利用国有资本在资金、声誉等方面的资源特点及优势，持续开展零售创新，强化专业化环节优势或者对产业链资源进行合理的内部化，进而推动零售企业依托需求反向驱动上游生产的趋势；另一方面，则要同时重视"国有体制"的职能约束，从超市发的案例可以看出，宏观层面的职能约束并不会削弱国有企业在微观效率上的追求动机，相反，能够激励企业更快速地适应数字经济时代零售业发展的趋势和机会。例如，以往为承担维稳保供等职能而向产业链更多环节的投资，尤其是在物流环节、流通基础设施等方面的重资产投入被认为会影响国有企业的效率；然而为应对互联网时代的消费需求特征变化，为了更好地服务于零售活动的本质，零售商进行合理、适度的产业链重点资源布局，也推动了自身的流通效率提升。利用拟似"民营机制"式的企业经营模式，以及数字技术，超市发在微观效率上表现突出。同时，也正是依靠表现突出的微观效率，超市发也才能更为有效地承担社会责任及宏观职能。

　　此外，这也提示我们要更为谨慎地看待国有企业的"轻""重"资产问题，对于超市发来说，无论是对供应链上游的延伸，还是物流团队、配送中心等基础设施的投入，都会带来更多的重资产投资。然而这一过程不仅是以市场效率的获取为导向的，而是使企业更好地完成其商品经营、媒介供需这一零售本质活动的重要组成部分。这形成了超市发在数字经济时代零售创新发展趋势中的关键优势，同时也是其微观效率与宏观职能之间正向传导反馈的体现，更代表着国有资本在商业领域的特殊重要性。在未来的发展过程中，超市发将继续以顾客需求为中心，不断进行零售创新的实践，利用数字化技术提升供应链、门店经营和服务的效率，更好地平衡宏观职能的承担与微观效率的实现。总的来说，成功的国有零售模式要能够更为积极地以数字技术为补充，在独特的资源特点和职能约束的前提下，通过整合"国有体制"与"民营机制"，应对市场效率和宏观职能的更高要求。

第十章

数字化零售变革的微观机制与政府作用

第一节　建设现代化流通体系进程中的市场与政府

商品经济由商品生产和商品流通共同组织，经由商品交换组织的社会经济运转是发展市场经济的基本特征。流通领域作为商品交换关系和社会财富分配的关键领域，是改革开放的重要起点和持续发展的抓手。伴随着市场经济改革的不断深入，如何理顺市场和政府的关系成为建设现代流通体系的核心命题之一。在本书实践篇对于中国零售业自营与联营的历史回顾中就可以看出，包括零售改革在内的中国流通体制改革市场化程度不断提高，是在遵循市场经济发展的一般规律下不断推进的市场化体系完善过程；同时伴随着政府职能的完善，也是一个逐步实现政府职能边界与市场化流通体制机制相适应的探索过程。可以说，正确处理好政府和市场的关系是我国流通改革历史所确立的最为基本的经验之一。

21 世纪以来，不同于上一轮流通体系改革中体现出的"制度驱动"，随着互联网技术的普及应用，新一轮的流通领域变革中"技术驱动"的特点更为突出。近年来,"互联网+"催生了大量新业态、新模式,数字技术对经济活动的广泛渗透极大地改变了传统经济活动的过程、边界和主体行为、福利等,也创造了许多新的经济活动领域,由此带来了数字经济对流通活动及主体的深层逻辑的颠覆性重构。其中,以电子商务等为典型代表的数字化零售创新成为"先锋力量"。零售发展步入了更高阶段,成为零售拓展盈利空间和提升效率的关键契机,也是其突破传统盈利模式困境甚至引领产业升级的重要节点。与上一轮制度驱动的流通体系改革相比,在技术驱动下的流通变革中,市场与政府的关系非但没有简化,反而愈发复杂。对于市场中大量零售企业来说,数字化既是机会也是挑战,"创新""转型""适应""升级"成为企业不得不面对的重要战略问题。对于政府而言,在零售效率不断提升、零售模式不断创新的同时,监管治理也面临着更大的压力与更新的挑战。

具体而言,数字经济背景下,消费需求的动态化、复杂化以及个性化程度不断加深。而在供给侧,电子商务化解流通过程中空间矛盾的能力不断凸显,生产者可通过个性化需求的把握直面消费者,甚至通过电商平台实现更大范围的匹配。这使得零售活动的难度明显加大,零售商传统的职能和优势受到冲击,原先普遍联营制下赖以生存的"场地""柜台"等资源也不再稀缺。为了应对这一冲击,零售商在实践中尝试通过数字技术支持的供应链重构,重新发挥其渠道地位和数据聚合优势。但这种尝试也对零售企业的能力提出了更高的要求,尤其是考虑到零售业长期自主经营能力不足的现实,转型可能更加困难。

在需求侧与供给侧对零售环节的冲击之外,零售业内部也面临着诸多新的难题。一方面,线上与线下的共存变得愈发普遍,线上与线下的矛盾也愈发明显，使得线上与线下形成了竞争与合作并存的复杂关系。如何统筹线上与线下渠道，如何考量平台企业与依托平台而成长的大量零售主体的关系，不仅是微观企业需要思考的问题，也是政府宏观调控和市场监管必须关注的议题。另一方面，随着电商平台的开放程度增加和数字技术的赋能，零售主体愈发多元化和小微化，甚至开启了"全民零售"时代，涌现出了一大批新的零售组织形式，如"微商""直播带货"等。这些新的零售组织体现了商业资本的"人格化"特征，是市场主体竞争潜能激发的体现。零售模式的创新对包括传统电商在内的所有零售组织都带来了更大的挑战，更对政府监管提出了更高的要求。

对于数字化零售带来的深刻变化，一方面应认识到数字化零售的发展是构建现代化流通体系乃至完善中国特色社会主体市场经济制度的关键一环。在发挥流通在国民经济中的"基础性"与"先导性"作用中①，更离不开数字化零售的助推。其中，"基础性"主要体现在交通运输等生产性流通过程对于价值生产的延续。数字化零售由于强调对深度自营的回归乃至供应链逆向整合的升级，涉及了更多的物流活动，也更为关注物流效率的提升，体现出零售更强的"基础性"产业功能。"先导性"主要体现在通过媒介商品交换的纯粹流通活动反向引领供给侧结构性变革。前文的诸多案例都展示了数字化零售通过数据分析、平台赋能等方式及时精准地把握了消费需求，并倒逼上游供给环节实现生

---

① 随着对流通领域重视程度的不断提升，流通业作为国民经济"基础性和先导性产业"的认识逐渐成为共识。2012 年国发 39 号文件《关于深化流通体制改革加快流通产业发展的意见》，首次采用流通业是"基础性和先导性产业"的概括，2014 年国办发 51 号文件《关于促进内贸流通健康发展的若干意见》再次强调其"基础性和先导性作用"。

产模式重构。

党的十八大以来，国务院和政府各部门也密集出台了一系列政策文件支持现代流通体系的发展。下文列举了一些主要的政策文件及政府发文示例，可供参考（见表 10 - 1）。可以看出，除了进一步加强流通业的统筹规划以外，近年来政府还特别关注数字经济时代的流通创新，尤其是零售环节创新，鼓励包括电子商务、线上线下一体化、供应链体系创新、平台经济发展等新业态、新模式的发展。同时，政府还关注实体零售和传统流通组织形式的转型升级，强调使互联网电子商务进一步惠及农村及落后地区创业增收，推动流通基础设施建设的完善，健全现代化物流体系。

表 10 - 1　2012 年以来我国流通领域主要相关政策文件及政府发文示例

作用范围	主要政策文件及政府发文示例	发文字号	发文机关
流通统筹性方向与整体规划	国务院关于深化流通体制改革加快流通产业发展的意见	国发〔2012〕39 号	国务院
	国务院办公厅关于印发降低流通费用提高流通效率综合工作方案的通知	国办发〔2013〕5 号	国务院办公厅
	国务院办公厅关于促进内贸流通健康发展的若干意见	国办发〔2014〕51 号	国务院办公厅
	关于开展加快内贸流通创新推动供给侧结构性改革扩大消费专项行动的意见	商秩发〔2016〕427 号	商务部等13 部门
	中共中央国务院关于完善促进消费体制机制 进一步激发居民消费潜力的若干意见	中发〔2018〕32 号	中共中央、国务院
	国务院办公厅关于加快发展流通促进商业消费的意见	国办发〔2019〕42 号	国务院办公厅
	国务院办公厅关于以新业态新模式引领新型消费加快发展的意见	国办发〔2020〕32 号	国务院办公厅

续表

作用范围	主要政策文件及政府发文示例	发文字号	发文机关
流通基本制度及营商环境建设	国家标准委、商务部关于加快推进商贸物流标准化工作的意见	国标委服务联〔2014〕33号	国家标准委、商务部
	国务院关于推进国内贸易流通现代化建设法治化营商环境的意见	国发〔2015〕49号	国务院
	商务部 国家标准委关于印发《国内贸易流通标准化建设"十三五"规划（2016—2020年）》的通知	商流通发〔2016〕85号	商务部、国家标准委
	关于深化电子商务领域知识产权保护专项整治工作的通知	国知办发管字〔2018〕25号	国家知识产权局办公室
	市场监管总局等部门关于印发2019网络市场监管专项行动（网剑行动）方案的通知	国市监网监〔2019〕118号	市场监管总局等部门
流通新业态新模式发展	国务院关于大力发展电子商务加快培育经济新动力的意见	国发〔2015〕24号	国务院
	国务院办公厅关于促进跨境电子商务健康快速发展的指导意见	国办发〔2015〕46号	国务院办公厅
	国务院办公厅关于推进线上线下互动加快商贸流通创新发展转型升级的意见	国办发〔2015〕72号	国务院办公厅
	国务院办公厅关于深入实施"互联网+流通"行动计划的意见	国办发〔2016〕24号	国务院办公厅
	国务院办公厅关于积极推进供应链创新与应用的指导意见	国办发〔2017〕84号	国务院办公厅
	国务院办公厅关于促进平台经济规范健康发展的指导意见	国办发〔2019〕38号	国务院办公厅
	商务部等12部门关于推进商品交易市场发展平台经济的指导意见	商建函〔2019〕61号	商务部等12部门

续表

作用范围	主要政策文件及政府发文示例	发文字号	发文机关
传统流通企业及业态模式转型	中共中央国务院关于深化供销合作社综合改革的决定	中发〔2015〕11号	中共中央、国务院
	国务院办公厅关于推动实体零售创新转型的意见	国办发〔2016〕78号	国务院办公厅
	商务部办公厅关于推动高品位步行街建设的通知	商办流通函〔2018〕230号	商务部办公厅
	商务部关于开展步行街改造提升试点工作的通知	商流通函〔2018〕785号	商务部
流通基础设施和生产性流通活动	国务院关于印发物流业发展中长期规划（2014—2020年）的通知	国发〔2014〕42号	国务院
	国务院关于促进快递业发展的若干意见	国发〔2015〕61号	国务院
	商务部办公厅关于智慧物流配送体系建设实施方案的通知	商办流通函〔2015〕548号	商务部办公厅
	商务部等六部门关于印发《全国电子商务物流发展专项规划（2016—2020年）》的通知	商流通发〔2016〕85号	商务部等6部门
	国务院办公厅关于进一步推进物流降本增效促进实体经济发展的意见	国办发〔2017〕73号	国务院办公厅
	国务院办公厅关于推进电子商务与快递物流协同发展的意见	国办发〔2018〕1号	国务院办公厅
	关于推动物流高质量发展促进形成强大国内市场的意见	发改经贸〔2019〕352号	发展改革委等
	国务院办公厅转发国家发展改革委交通运输部关于进一步降低物流成本实施意见的通知	国办发〔2020〕10号	国务院办公厅

续表

作用范围	主要政策文件及政府发文示例	发文字号	发文机关
构建农村现代化流通体系	国务院办公厅关于促进农村电子商务加快发展的指导意见	国办发〔2015〕78号	国务院办公厅
	商务部办公厅 中华全国供销合作总社办公厅关于深化战略合作 推进农村流通现代化的通知	商办建函〔2018〕107号	商务部办公厅、中华全国供销合作总社办公厅
	交通运输部 国家邮政局 中国邮政集团公司关于深化交通运输与邮政快递融合推进农村物流高质量发展的意见	交运发〔2019〕107号	交通运输部、国家邮政局、中国邮政集团公司
流通改革试点及经验推广	国务院办公厅关于同意在上海等9个城市开展国内贸易流通体制改革发展综合试点的复函	国办函〔2015〕88号	国务院办公厅
	关于复制推广国内贸易流通体制改革发展综合试点经验的通知	商流通函〔2017〕514号	商务部等9部门
	商务部办公厅关于复制推广城市共同配送试点经验的通知	商办流通函〔2019〕48号	商务部办公厅

　　另一方面，也必须要深刻意识到，数字经济时代零售所面临的挑战是从零售企业本身到零售行业内部再到零售行业外部的全面复杂化，有些挑战是之前不曾遇到过的新问题。在关注数字零售积极作用的同时，也要贯通生产、分配、流通、消费各环节，破除妨碍商品流通的体制机制障碍。2020年10月29日，党的第十九届中央委员会第五次全体会议通过的《中共中央关于制定国民经济和社会发展第十四个五年规划和二○三五年远景目标的建议》指出在"形成强大国内市场，构建新发展格局"中，健全现代流通体系，降低企业流通成本，是实现畅通国

内大循环和全面促进消费的关键内涵。而为了进一步推动流通业发展，解决流通业中许多亟须打通的"堵点"，未来要继续"充分发挥市场在资源配置中的决定性作用，更好发挥政府作用"。

总结而言，随着中国经济迈向高质量发展，建设现代化流通体系与壮大国内市场、助推供给侧结构性改革等重大经济问题息息相关。2020年9月9日，习近平总书记主持召开中央财经委员第八次会议，专门研究了畅通国民经济循环和现代流通体系建设问题，会议指出：

流通体系在国民经济中发挥着基础性作用，构建新发展格局，必须把建设现代流通体系作为一项重要战略任务来抓。要贯彻新发展理念，推动高质量发展，深化供给侧结构性改革，充分发挥市场在资源配置中的决定性作用，更好发挥政府作用，统筹推进现代流通体系硬件和软件建设，发展流通新技术新业态新模式，完善流通领域制度规范和标准，培育壮大具有国际竞争力的现代物流企业，为构建以国内大循环为主体、国内国际双循环相互促进的新发展格局提供有力支撑。

在这种机遇和挑战并存的发展节点，如何于"危机中育新机，于变局中开新局"成为市场主体和政府部门共同面对的问题。一方面，零售效率的实现、零售体系的健全都以微观企业的主体作用为核心，因此要更为深入地发现总结成功的市场微观机制及其特点、趋势和经验；另一方面，从流通改革的历史来看，政府在规避市场风险和扭转市场失灵中也发挥了积极作用，保证零售及流通现代化发展的顺利有序推进，因此也要更为全面地探讨数字化零售变革中政府的作用。

第二节　数字化零售的微观机制及关键要素

微观企业是数字化零售变革中的基本组成单元，结合本书前面各章节对于理论、实践和案例的分析，在此对数字化零售的微观机制及关键要素进行总结与讨论。

一、在需求特征变化的普遍趋势下，零售企业依托互联网大数据重塑产销衔接逻辑

互联网提供了一个低成本、开放和近乎无限的虚拟空间，通过"无所不在"的互联互通，提升了企业对消费需求的深度感知，也激发了消费者个性化的长尾需求。这种变化深度改变了消费者心理、行为，以需求为导向的商业模式也就变得愈发重要，零售企业的关键资源和竞争优势也由此发生了迁移。在传统工业经济时代，受制于有形实体空间和时间边界的约束，零售商所拥有的货架、场地、门店等资源具有稀缺性和价值性。联营式的发展模式也具有了长期、普遍存在的现实依据，并逐渐固化为"物业二房东"这种低位生存模式。

数字经济时代，电子商务跨越时空边界的效力不断显现，零售商的传统优势资源不再"稀缺"，现实竞争力不断弱化，甚至陷入普遍的盈利模式困境。事实上，零售活动的本质是实现供需之间的更好匹配，作为产销分离的体现，专职零售商的核心竞争优势应当是在承担零售本质

职能上体现出更高的分工经济性。数字技术的发展打破传统联营制关键资源和竞争优势基础，要求零售商打破故步自封的联营窠臼，建立与新的环境相匹配的市场竞争能力。

其中，渠道位置是零售商可以深度开发的重要资源，进而推动产销逻辑的深刻变革。需求特征的变化直接改变了零售商在渠道环节中的地位，作为直接面向消费者的终端环节，零售商对于消费需求的洞察与把握变得更为重要。互联网所带来的消费大数据则进一步助推了零售商在洞察消费中的作用。需求特征具有隐蔽性、复杂性和动态性，受制于技术条件，传统零售商对于消费者数据的收集范围有限、分析时效滞后，通常只能获取并分析到店顾客的实际交易数据。因此传统零售商通过收集商情信息进而反馈上游的作用也较为有限。互联网的发展通过交易在线化、深度双向互动渠道、数字化会员体系管理等方式拓宽了零售商收集数据的方式，还提供了如文本、图像等非结构化数据，与传统的销售、库存等结构化度量数据形成有效互补，从而丰富了在顾客、产品、地理空间等零售关键维度上的数据。由此，需求追踪和验证的成本大幅下降，消费者画像的日益精细化不仅对零售商自身的选品决策、营销策略、真实交易促成等方面具有极大提升，更真正形成了零售商的关键专业化优势。凭借消费大数据的一手优势，依托大数据分析技术和对商品经营及业务逻辑的理解，零售商在产销关系中的能动性不断提升，甚至形成零售主导的产销动态合作网络。

二、以数字化零售升级反向驱动供应链柔性化重构，向深度自营转型

互联网大数据对于产销逻辑的重塑，使零售商获得了新的资源优势和竞争基础。数字化零售变革的真正价值不仅停留于商品买卖关系，还在于对零售商业逻辑的深刻颠覆，实现了向供应链层面的深度自营转型，具体表现为以真实消费需求反向驱动的供应链逆向整合和柔性化生产重构，包括以下两个方面。

其一，以数字技术提高市场洞察和匹配效率，主导驱动供应链解决"生产什么"以及"为谁生产"的不确定性问题。如今在数据算法、大数据分析技术和智能工具的支持下，零售商可以对其所拥有的消费大数据进行深度挖掘，并从中提取极具价值的消费洞察。零售商不仅能够对消费者进行"千人千面"的标签化，而且能发现消费者未被开发、未被满足的新需求并开拓新的细分市场。以此为依据，零售企业在商品买卖中提高了选品决策的精度，甚至直接参与上游生产制造商的产品开发和设计过程，乃至直接形成产品概念和设计要求，而后寻找上游生产资源和能力的精准匹配。在产品的销售反馈上，零售企业也可以利用真实交易数据，通过数据算法迅速进行多维度的市场判断，以更快的速度、更高的精度向上游反馈。综上，通过推动普通消费者以大数据的方式参与产业研发创新，零售商具备了逆向主导供应链的可能。

其二，以数字技术和信息系统的全面嵌入实现供应链可视化和信息即时传递反馈，以信息流的高效流转带动供应链商流、物流、资金流等全部流程，主导驱动供应链解决"由谁生产""如何生产"的产能配置

和资源协调问题。一方面，借助互联网的虚拟产业集聚，零售商可以在更大的空间范围内调配、整合更多的优质生产资源和生产能力。另一方面，通过供应链全面可视化，零售商能够及时清晰地掌握制造商、供应商的产能安排情况，从而在算法支持下清晰识别生产节点，安排最合适、最有能力的制造商进行生产，同时有效监控产品从生产、运输到销售的全过程。制造商也可以通过信息系统及时了解需求变动情况，及时预留产能。通过推动与真实需求相匹配的生产能力，供应链实现了速度和精度上的极大突破，零售商也在真正意义上实现了供应链整合及柔性化重构过程。

这种超越简单商品买卖而向供应链层面深度自营转型升级的过程，在实现形式上存在诸多表现，例如产地直采、生产基地直供、供应链战略合作等。在当前实践中，最为重要的一种形式就是互联网自有品牌零售。虽然自有品牌在理论上具有提高消费者忠诚度、建立零售商品牌、提升零售商利润等诸多优势，然而以往自有品牌往往表现为对制造商或大型品牌商产品的模仿追随，并未真正发挥出理论上的价值。主要原因在于以往的自有品牌模式难以突破市场规模有限和精准识别品牌消费社群的障碍，更遑论对后端生产环节的有效控制。而在韩都衣舍等案例中，企业利用互联网大数据，并依托互联网完成数字化零售升级，实现了与消费社群的精准连接，成为数字经济时代零售提升匹配效率的重要途径。

三、利用数字技术实现向更大市场范围的匹配活动扩张

利用数字技术实现的零售扩张，既表现出纯粹虚拟空间中的扩张类型创新，也表现为全渠道零售转型的扩张机制创新。考虑到流通活动必然在时间和空间上展开，因此在前述匹配活动和匹配效率提升之外，扩张活动和扩张效率对于包括零售商在内的流通主体也具有重要意义，可以说匹配和扩张一起构成了数字化零售效率的时空演进过程。扩张本质上是在更大的市场范围内进行供需匹配、媒介活动的过程，扩张与匹配相伴相生的关系在数字经济时代主要体现为以下两个方面。

其一，纯粹虚拟空间中的扩张类型创新。在实体空间中，零售企业主要通过连锁化的方式在不同的地理空间中"复制"，其核心是对相似需求的不断覆盖。互联网开辟了新的交易空间，互联网上一个店铺就可以触达来自不同地方的消费者，因此实体零售中的单店复制与扩张不仅不必要，还带来流量分散等问题。此时，社群拓展成为新的思路。互联网上根据消费偏好所形成的消费社群进一步增多，市场不断细分，零售商可以通过覆盖异质性社群的方式在互联网上实现市场范围扩展。韩都衣舍的自有品牌裂变是其中的一个典型实践，即一个品牌精细对应一类消费社群的方式实现"品牌人格化"与市场扩张。值得注意的是，品牌覆盖不同于连锁，其背后是异质性需求的叠加，这也使得品牌间关系，以及品牌后端的生产关系协调变得十分复杂。互联网的虚拟集聚、大数据特征和数字技术的强大潜力克服了品牌扩张的障碍，也使得这一创新真正成为可能。

其二，全渠道零售转型的扩张机制创新。实体空间中的零售占据了很大的消费市场，而且具有即时满足和用户体验的优势；网络零售则具有虚拟货架展示、地域空间覆盖、消费数据沉淀等诸多优势。网络零售与实体零售渠道关系问题伴随着数字化零售的发展，也一直为零售理论和实践所关注。从不同渠道之间的整合及协调程度来看，渠道关系经历了完全独立的多渠道阶段、部分整合的跨渠道阶段和全面融合的全渠道阶段。早期，由于缺乏对渠道关系的认识和受制于技术等现实条件，主要表现为不同渠道之间的简单叠加，在缺乏合理的内部协调机制时，还会带来渠道之间相互竞争和蚕食的问题。而数字技术所带来的数据全面集成则推动了网络零售与实体零售的跨渠道整合，并为不断接近全渠道的理想状态提供了可能。

第一，数字技术驱动了渠道间的错位发展与紧密衔接。要实现渠道间的统一协调，方式之一在于确保渠道之间，尤其是线上与线下的错位发展，避免在不必要的环节产生恶性竞争。错位发展的基础在于零售商准确理解线上与线下所面对的消费需求特征差异。在以往的技术条件下，依靠经验判断为主的决策模式很难解决这一问题。而在数字化零售中，通过不同渠道间的数据导入和统筹分析，线下渠道在布局过程中可以结合数据分析的结果进行合理的选址与选品决策，实现与线上渠道的错位发展。同时，数据层面的流动与共享还为不同渠道的相互映射和深度互通提供了基础。一方面，数据层面的充分流通使得不同渠道触点为消费者提供无缝的购物体验和一致的消费感知；另一方面，渠道还能通过数据共享形成正向促进与反馈，线上会员数据和消费者流量的积累能够为线下门店的扩张提供基础，而线下也能通过深入实体商圈的方式，形成更为广泛的零售品牌效应，并获得更多消费数据，反哺线上渠道的发展。

第二，数据集成构建了全渠道企业活动集成的基础。协调、统一、集成是全渠道零售中最为关键的概念，相较于单渠道或多渠道，全渠道要实现在商品、交易、定价、订单履行、客户服务等多个层面不同活动的深度集成，这给零售企业带来了协调及管理上的压力。对此，数字化零售的解决方式在于通过信息系统的可视化和统一监管能力，缓解渠道间因分散管理或滞后管理所带来的资源竞争与浪费。全渠道的问题不仅是一个前端渠道经营的问题，更需要供应链能力的全面支撑。因此相比传统渠道模式，全渠道更难依托单一的生产网络，也需要利用数字技术的支持在供应链层面形成整体的系统。

第三，数字化"干预"提升连锁化扩张效率。在全渠道零售模式中，零售企业的规模扩张过程也需要同时兼顾线下店面的连锁扩张。在过去，连锁化扩张通过复制统一的店铺标准、统一的店面运营经验等实现低成本、快速的扩张。这一过程在数字技术支持下得以不断优化，体现为利用数字技术更为精准地把握商圈需求特征，提升门店选址、选品的决策效率。线下门店也能通过数据共享和线上引流的方式，帮助解决传统连锁化方式下获客成本高昂的障碍。此外，随着门店数量的增多，门店间协调和管理难度的提升，也带来管理效率的损失。在数字技术的即时协调和信息系统的全面嵌入后，总部可以帮助各个门店优化经营活动，更好地接入总部所拥有的优质资源，实现门店间步调的统一，保证分店连锁的协调性与稳定性，从而使得连锁化扩张的效率得到了质的提升。

四、依据零售主体特点实现数字化转型

在上述数字化零售的微观机制中，民营企业是创新的重要主体。除此之外，还应当关注国有零售企业创新模式的特殊性。正如前文所讨论过的，数字化零售的创新发展过程中，国有零售企业在保证流通安全、维稳保供、创新示范等宏观职能和社会责任上发挥了关键作用。但国有企业由于其独特的功能约束和资源特点，创新模式与非国有企业不完全相同，需要兼顾微观效率和宏观职能的双重目标。对于经营更加谨慎，而且长期扎根于实体网络的国有零售企业来说，更应该认识到数字化零售变革并不意味着完全的线上化，也不意味着互联网对实体店的替代，而是新一轮的市场效率筛选，也蕴含着微观效率提升的契机。对于国有企业的数字化零售变革而言，一方面，国有零售企业要以"民营机制"强化微观效率，建立在数字经济时代的竞争优势。国有资本在资金、声誉等方面的优势不仅能够帮助其跨越数字化转型初期较高的门槛，实现数字化能力的赶超，更能通过向产业链深度自营转型，在强化环节关键优势的前提下拓宽盈利空间。另一方面，国有企业也要建立"国有体制"与"民营机制"之间的正向反馈机制。国有零售企业固然不能忽略宏观职能的独特意义和约束，但强调宏观职能承担的"国有体制"与强调微观效率提升的"民营机制"并不一定矛盾。相反，为了追求微观效率而向产业链上游的延伸强化了流通控制力和市场影响力，市场效率的提升能够更好地帮助国有企业承担维稳保供等宏观职能，从而在两个目标之间建立了正向反馈循环。

　　此外，在大型电商平台或大型零售企业之外，中小企业也是数字化赋能和数字化商业生态构建的重要组成部分。我国的零售业中大量存在着资源不足、能力有限的中小企业，数字化赋能的方式将有望帮助这些企业更好地跨越数字化的初始门槛。但需要注意的是，对于中小零售企业的数字化赋能不应该仅仅停留在提供技术工具上，而应该关注如何全面打通"人—货—场"的逻辑，深度切入商品运营、企业管理、流程组织乃至商业逻辑，真正形成所谓的"生态价值"。

　　总结数字化零售的微观机制，在转型过程中，零售并未改变其媒介、匹配供需的本质职能。这些微观机制所体现的恰是在数字技术驱动下，零售更好地承担其本质职能，并在此过程中实现效率提升与机制创新。可以看到，有一些关键的要素在其中反复出现，例如"数字化零售变革要适应需求而变"，"要借助互联网的大数据积累和数字化技术精准地把握消费特征及偏好"，"通过引导甚至主导生产供应提高对需求结构适应的灵活性和准确性，从而提升供给侧效率"，等等。凡此种种都意味着数字化零售的关键不在于互联网和大数据本身，而在于充分结合零售业务运营和商业逻辑，利用数字技术挖掘数据背后的丰富价值，将数据转变为可供企业利用的现实生产要素，实现从"更多的数据"向"更好的数据"转变。进一步而言，在商业逻辑和机制变革的整体维度上，数字化零售不只关乎零售管理本身，更是零售驱动的生产重构和高度适配需求特征的供应机制形成过程。这正是数字化零售最为重要的意义，是数字化零售变革区别于以往历次零售变革的关键特征，体现了在传统的技术条件和经济背景中难以实现的零售效率和供给效率的高度内在统一。

第三节　更好发挥政府在推进数字化零售中的作用

在推进数字化零售变革的进程中，在形成"有效市场"的同时也不能忽视建立"有为政府"。政府既要充分尊重零售企业的创新活力和市场主体地位，也要结合数字化零售变革与发展的现实需求，更好地发挥应有的作用。

一、继续完善基本制度环境建设，统筹把握数字经济时代零售变革的基本方向

不断完善的制度建设、营商环境、监管手段和监管边界，是充分激发经济创新活力和保证整体有序推进的基本前提。党的十八大以来发布了一系列文件，关注了推进我国流通现代化、法治化营商环境建设、完善网络市场监管、标准化体系构建等流通业健康发展的主题，并对市场失灵和市场无序等问题进行了规制调整。未来，考虑到数字化零售变革具有创新主体多元化、创新活动复杂且频繁迭代、新的组织形式不断涌现等典型特征，有关部门要将数字化零售置于一个更加强调审慎包容、有序健全的监管环境中。既要对不断创新的零售组织形式、不断小微多元化的零售主体提供市场合法性的保证，完善市场准入等相关制度建设；也要在不过多干涉微观主体创新行为的前提下，对一些明显的负面行为或潜在的市场风险加以规制。其中，尤其要关注以下两个问题。

其一是零售环节的数据使用与数据隐私问题。零售环节直面消费者，本身就是数据的集中地。随着互联网的大数据化，消费者的多维度数据和行为轨迹都将更加清晰地成为零售企业所拥有的可用资源。数字化零售变革为了更好提升供需媒介效率，势必基于大数据的需求识别开展广泛的数据合作，获取更多的精细标签，从而产生数据隐私问题。例如"千人千面"的算法营销虽然有助于撮合交易，但无孔不入的精准推介也在一定程度上侵犯了个人信息权。数据不同于传统的有形产品，它的权利边界更为模糊，数据滥用和隐私侵犯等问题也会被进一步放大，使得数据监管更为困难。

其二是互联网平台垄断的市场竞争问题。互联网平台经济与数字经济相伴相生，平台的价值很大程度上通过双边或多边市场的网络效应体现，但也随之带来了固有的垄断特征。平台广泛影响着依托其成长的大量企业的效率和发展，政策文件也多次提到了电商平台的数字化赋能问题，对于平台集中化的监管自然不能一棒打死，一禁了之。但随着平台规模扩张，平台经济在实现效率提升和价值增加的同时也为潜在进入者树立了更高的进入壁垒，抑制了市场主体活力，而基于优势地位所进行的"价格歧视""大数据杀熟"等行为更损害了消费者福利。在效率与垄断的两难之外，数字化零售还可能出现如数据垄断、信息掠夺等新的垄断形式，传统垄断规则所看重的边际效应递减规律在新的技术背景下面临失效，SSNIP 等反垄断政策工具也亟待调整创新。

在市场监管之外，政府的作用还表现为统筹规划，把握数字化零售发展的基本方向。应当认识到，在当前的零售创新中，成功者有之，失败或昙花一现的案例也并不少见。其中，一个最为重要的因素是，这些企业的创新往往不能发现消费者对商品使用价值的真正诉求，也不能反馈引导生产的价值创造。因此，在社会总体意义上来说，若不能较好把握数字化零售创新的根本，使得创新回归供需媒介效率和职能承担的零售本质，创新必然会带来新一轮的技术、资金等资源浪费。这意味着政府需要统筹流通发展规划，将数字化零售创新与供给侧结构性改革等问题关联起来，凸显在社会主义市场经济建设中，流通业连接生产和消费的本质，引导数字化零售关注和满足消费者对商品使用价值的诉求，最终真正服务于人民日益增长的美好生活需要。

二、推进商贸流通基础设施建设，全面布局现代化物流体系

要保证零售创新活动的顺畅进行，政府还应当重点关注更容易存在市场失灵的商贸流通设施改造升级问题，尤其是交通运输及物流行业的健康发展。互联网等技术虽然能够突破时空边界，大大减少商品搜寻、交易等商流成本，但商品的实际转移及其背后的物流成本却始终存在。现代化物流体系为使用价值向消费的现实转移提供支持，也是电子商务蓬勃发展、促进全社会流通费用节约、大力发展实体经济的重要着力点，是流通领域执行生产性职能的体现和现代化大流通中先进生产力的代表。然而物流投资本身具有高成本、高风险、高投资等特征，因此必然面临着民间资本投入不足的结构性失衡，有待政府作用的发挥。

一方面，在基础设施建设和物流体系布局上，政府要继续发挥牵头作用，既要在交通运输通道布局和现代化货运方式发展上全面推进，通过财政支持等手段建设一体化物流集配等基础设施，更要通过中央政府

的统一规划和各地方政府间的充分配合，完善区域间相互连通、统一开放的交通运输市场。其中，尤其要关注农村地区和偏远落后地区的物流体系布局。通过物流等流通基础设施的接入和普及，使数字化零售发展的成果惠及落后地区；通过对接更大市场范围的社会消费力，支持当地特色产业的成长壮大进而实现创业增收的经济发展目标。

另一方面，通过推进数字化、自动化、智能化改造，建立现代化物流体系，实现物流环节的降本增效。政府要鼓励和培育一批具有竞争力的物流企业，并通过完善在5G技术、物联网、工业互联网、自动化分拣技术、智能配件终端、产品追溯体系等新基建上的建设全面提升社会总体物流效率。

三、支持形成数字化零售变革的中国经验与中国模式

如今，在数字技术的驱动下，我国流通领域尤其是零售业的创新实践已然走到了世界前沿，正是形成中国模式、总结中国经验、提炼中国理论的契机。基于数字化零售成功微观机制或已被理论及实践证明的关键成功要素，政府可以充分发挥支持作用，帮助大量试图转型或处在转型中的零售企业走出困境、找到方向。

例如微观机制的讨论指出，零售企业通过消费洞察和商情信息反馈，在数字化零售中回归自营，乃至通过自有品牌、产地直采等形式超越产销边界，逆向整合供应链，重塑分工经济性。然而这些活动建立在数字技术的高投入门槛上，对于企业能力也提出了更高要求。对此，政府可以考虑提供更多便利性条件，鼓励以数字化赋能、数字化生态构建

为特征的发展模式。又如，互联网平台已经成为数字经济时代开展零售活动的重要市场载体，往往具备更为明显的技术优势，并且通过多种手段直接或间接地影响平台上大量零售主体的效率和行为。政府还可以与平台进行充分合作，将平台作为收集和了解企业现实发展难点和需求的渠道，进而与平台合作搭建公共数据服务，帮助实现闲置生产资源与零售制造的对接。再如，品牌生态、商业生态等模式亦可以成为政府推进支持形成数字化零售中国模式的抓手，政府可以主动将政策资源与这些企业集中对接，通过积极主动的政企合作方式帮助企业输出成功经验，催生更多互联网创业机会。

另外，需要注意的是，本书所讨论的问题虽然集中在零售环节，但从流通内部的分工和批零协同的原理来看，批发环节的改革深化和批发组织的现代化发展也与数字化零售变革息息相关。传统高度组织化的批发体系在流通市场化改革进程中受到了很大冲击，在很多商品领域明显萎缩，有实力的批发组织又长期缺位，使得批发环节本应当发挥的交易集散、空间拓展和风险分担等更高的"中项职能"缺失。零售企业在展开自营业务时往往不得不直接与分散的供应商建立联系，这在很大程度上也加大了自营的难度，成为我国零售业普遍联营的历史原因之一。数字经济背景下，考虑到我国零售领域依然以中小零售商为主，零售业的深度自营趋势更加需要批发在集采分销、关系储备等问题上发挥职能。因此要深入推进数字化零售变革，政府还应当重视对批发环节转型升级的支持。考虑到零售业的数字化能力整体水平更高，政府可以通过支持批零环节对接，强化技术示范和知识传导的"溢出"机制，鼓励批发主体在资源聚合、关系调剂、供应链管理、物流集成等分散的零售商难以解决的问题上，利用技术支持实现升级、重构或分化。从而以"数字化零售＋数字化批发"共同推进建立"现代化流通体系"。

四、在推进数字化零售变革中发挥社会主义流通的特殊性优势

在资本主义经济关系中，数字技术所带来的流通效率提升根本上还是服务于资本增殖的目的。与此相区别，我国的数字化零售变革要体现社会主义流通的特殊优势，要以服务于人民美好生活需要为最终目的，突破资本主义流通过程中所固有的内在矛盾关系。从根本上说，体现社会主义流通的特殊性首先要把握数字化零售变革的基本方向，前文对此已经有所探讨。除此之外，还要关注两个问题。

第一，数字技术在零售活动中的应用可能带来社会经济负面影响。零售占据着商品交换的最终环节，也能够通过商品交换关系直接影响社会财富的分配，技术发展进一步助推其形成商品价值实现领域的垄断地位。这一问题在许多资本主义国家已经出现，也值得引起高度重视。与此同时，由于忽视技术创新背后的零售变革本质，加之资本追逐短期利益的天性，当前我国零售实践中还出现了许多带有"技术泡沫"色彩的形式主义，以及"消费沉迷"和过度宣扬的"消费主义"。比如人为创造许多"购物节"、无孔不入的营销和以互联网消费金融鼓励超前消费等，虽然在短期内刺激了消费，但一旦超越了合理的边界而陷入无序化发展，必然会带来诸多弊端进而直接制约社会经济的长远发展，并滋生流量造假、价格歧视、商业欺诈等行为。因此政府要特别关注与这些问题相关的标准和规范制定，推进与市场化变革相适应的社会主义商业

文明建设。

第二，国有资本直接体现着社会主义流通过程的特殊性，数字化零售还要重点关注国有零售企业的作用。国有零售企业要更加主动地接受数字经济时代的挑战，以数字化能力升级作为补充，结合国有资本特点，实现"国有体制"与"民营机制"的融合。在此过程中，企业应发挥国有资本的自觉性与示范性，在强化产业链关键环节优势的同时，以效率目标为导向，向更大程度的产业链深度自营转型。国有零售企业可借助物流等基础设施建设上的资源优势，形成新的核心竞争能力，提升自身在流通领域的影响力和控制力。此外，国有零售企业也可以成为政府治理零售创新的抓手，成为政府把握数字化零售发展趋势、现实和潜在问题的窗口。

后　记

最近几年，"新零售"和数字化转型已成为全社会的共议话题。在我国，借助互联网和交通基础设施的发展优势，网上零售规模稳居世界第一，以互联网大数据为基础，数字化零售可以说是"异军突起"，大有反超发达国家领跑全球零售业创新实践的势头，在世界范围内引发了高度关注。数字化零售的中国实践为零售理论创新提供了最具代表性的分析样本，相关讨论在各类书籍、会议、论坛、论文中大量涌现。这使作者暗自"庆幸"，本书不必要再写一个有关这一背景的"序章"了。

相比既有著述，本书的侧重点在于"流通经济"视角。希望这点"不同"能为更好地理解数字化零售的中国经验添上少许"新"笔墨。零售和零售商业的本质是什么？在作者看来，许多的外在现象总是在理论上"殊途同归"，成功模式无一不是在用灵好的数据和技术推动零售活动更好发挥"媒介供需"的本质职能；将这一本质职能的更好发挥置于社会再生产大循环中，必然还要"跳出零售看零售"，"伟大"且"长寿"的零售模式最终都要形成从"需求洞察"到"供需匹配"直至"联动生产"的循环作用机制。这是本书在理论篇（一、二章）做出的思考。另外，如何认识中国数字化零售之"新"？本书的实践篇（三、四章）其实将读者引向一个"老"问题：中国零售业的"自营"与"联营"之争。数字化转型是中国零售业的"破旧立新""推陈出新"还是"改过自新"？无论如何，数字经济时代都是重新练好零售商业"基本功"的绝好契机。

以上研究还存有一些遗憾，在此向读者说明。一是，在理论篇，相比学术论文的理论力度，文中对"长话"进行了"短说""简说"，更系统、聚焦的理论研究大多留在了作者的学术论文中，诚请理论界同行不吝指正。二是，在实践篇，对中国零售业发展实践的理解置于中国流通体制改革的历史大框架中，其与批发体制和批发体系的改革变迁也紧密相关，因作者五年前曾经出版了《批发商品流通：中国情境的变迁与演进》一书，在这里为免重复，省略了相关讨论。

本书可为作者在人大商学院开设的 MBA "新零售前沿"课程提供一些课外的参考，课程的讲授穿插了书中的一些思考，因前几届学员反馈，这些思考使其"透过现象看本质的能力得到提高"，作者由此受到了启发，也是决定出版这本著作的直接动力之一。

在本书案例篇，作者选取了长期关注且持续追踪的案例，人大商学院的博士研究生王诗桴（现为福州大学讲师）、庄逸群、黎莎、武子歆、张鹏宇在调研访谈中共同付出了辛苦劳动，在此表示感谢。

书中疏漏与不妥之处，诚请各位前辈、同行和朋友批评指正！

谢莉娟

2020 年 11 月 22 日于中国人民大学明德楼